JN440150

나, 진성은 신라의 왕이다

나, 진성은 신라의 왕이다

안명옥 시집

문학의전당

| 시인의 말 |

이 시집을 읽는 독자들에게.

몰락해 가던 시기에 이 세상에 와서 누구보다 인간적이고 다정다감하며 자신의 나라 백성들에게 사랑을 실천하고자 했던 여왕, 자유로운 영혼을 갈망하며 시대를 앞서가는 인물이었으나, 죽어서는 망국 책임론의 희생양이 필요했던 시대의 제물이 되어 온갖 악의에 찬 꼬리표를 달고 한 평 무덤조차 허용 받지 못한 채 철저하게 외로운 세월을 견디어 온 진성에게, 이 글이 위로가 될 수 있기를 바란다. 그를 우리 앞에 다시 불러내고 역사의 수면 위로 떠올려 정당한 평가와 관심을 받게 되기를 바란다.

수 년간 경주를 오가며 진성 관련 역사서와 논문 자료들을 찾아 읽어가는 중에 이 작품을 구상했다. 한 문예지에 연재한 것을 연희문학촌에 들어가 완전 개작했다. 이 작품에서 사랑에 대한 유교적 시각과 여성차별적 시각을 재해석하면서 당당하게 사랑하는 사람으로, 성군聖君이 되려고 부단히 노력하고 고민한 여왕의 면모를 보여주면서도 보다 예술적 인간에 가까운 사람, 도발적이고 뜨겁고 열정적이면서도 시대의 한계를 받아들일 수밖에 없었던 비운의 여왕으로, 고독한 생을 스스로 정리하고 마감을 준비한 진실한 여왕으로 그리려 했다. 진성이 여왕이기 전에 시대를 앞서가는 한 여성으로 고민과 한계도 보여주고 싶었다. 허용이 된다면, 진성의 곁에서 진성을 돕거나 사랑해준 사람들에게도 이 글을 빌어 술 한잔 드리고 싶다.

또한 시와 소설이 만났을 때 〈시설詩說〉이란 장르가 탄생한다. 그렇게 읽어줘도 괜찮을 거라 생각한다. 읽는 이들을 위해 이 글에선 각주처리나 후주처리를 안 했다. 문맥이나 호흡, 문학적 상상력을 방해하기 때문이요 논문이 아니기 때문이다. 그밖에도 의도적으로 현대적 어휘들로 바꾸어 고루하다는 느낌을 벗어나려 했다.

나는 지난 몇 년간 진성을 만나면서 진성의 영혼이 나에게 강림한 듯 진성에게 빠져 현실을 잊을 수 있었다. 진성에게서 견딤의 미학을 배웠다. 이 땅에 여자로 태어나서 딸로서 아내로서 어머니로서 며느리로서 받은 고통과 슬픔과 한계를 극복한 것은 견디는 것이었다. 이 작품을 세상에 내보내면서 난 진성을 내 마음에서 떠나보내 잊을 것이다. 그만큼 아프고 찬란한 시간이었다. 행복하고 황홀한 공간이었음을 고백한다. 그리고 여배우처럼 은근히 기대한다. 나의 첫 서사시집 『소서노』와 신라 여자 진성, 그리고 다시 어떤 영혼이 내게 신 내림 받듯 올지 기다리는 마음이 여간 설레고 행복한 것이 아니다.

| 차례 |

1. 새싹의 진성 ······ 9
2. 귀남, 떠나다 ······ 26
3. 나뭇잎과 물방울의 시간 ······ 49
4. 달밤 ······ 82
5. 저수지와 나무 ······ 92
6. 완두콩, 기울다 ······ 109
7. 지금은 사랑할 때 ······ 126
8. 놀란 계곡의 나비들 ······ 152
9. 밤, 그리고 폭풍우 치는 밤 ······ 175
10. 모진 바람에 도토리, 떨어지다 ······ 191

해설_강수
역사의 재발견과 새로운 서사시의 가능성 ······ 225

1. 새싹의 진성

폐하, 큰일 났습니다! 모반입니다

뭐, 뭐라! 모반이라?
모반을 일으킨 자가 누구라 하더냐?

이찬 윤흥과 아우인 숙흥과 제흥 등이라 합니다

무엇들 하느냐! 왕경에 있는 군사들을 출동시켜 진압하라!

경문왕 6년 겨울 10월,
이찬 윤흥, 아우 숙흥 · 계흥은 대산군으로 도주,
그들을 붙잡아 참수하고, 일가붙이를 멸하였다

어린 시절 진성은 궁을 떠나 보고 싶었다
백성들이 어떻게 사는지 두 눈으로 보고 싶었다
하루는 신당을 관리하는 서리가 계시를 받아
만은 궁 밖으로 스승과 궁녀와 떠나게 되었다

갈포와 거친 짐승 가죽으로 옷을 해 입고
추위를 이기려 옷을 겹쳐 입고 긴 겨울을 나는 백성들

어린 진성은 밤을 고민했다
왕과 귀족은 겸포, 비단, 금으로 옷을 해 입고
백성은 천으로 만든 모자를 썼다
귀족은 화려한 두루마기를 입어 높은 신분을 과시하기도 했다
관리 등급에 따라 색깔을 구분하여 입고
관복은 물론 장신구, 모자도 엄격하게 제한
지배계급은 오색찬란한 비단옷을 입으나
백성은 흰색 옷을 입었다

귀족은 외양간, 마구간, 부엌, 창고, 우물, 방앗간도 갖추고 살았으나
초가집이라도 반듯하게 지으면 행세깨나 하는 자요
백성은 대부분 움집이었다
천민은 짚풀더미를 대충 둘러치고 살아
큰 비라도 내리는 날이면 비 맞은 생쥐가 되었다
어린 진성은 그들을 생각했다
겨울에 백성들은 방 한쪽 바닥에 흙침상을 만들어,
아궁이에 불을 때 침상을 데우거나
방 안에다 부엌을 만들어 요리 열기로 실내를 따뜻하게 했다
기나긴 추운 겨울이면 진성은 그들을 생각했다

그때 왕(861~875)은 당나귀 귀처럼 큰 귀를 가리려
날마다 복두를 하고 절절맸다
어린 만은 아버지의 그런 소심함이 마음에 들지 않았다

아바마마, 임금이 큰 귀를 가졌다 함은
온 백성들의 목소리를 잘 들으라는 하늘의 계시이니
저는 아바마마가 자랑스럽습니다
경문왕은 얼굴이 붉어지며 만을 안아주었다
아바마마, 복두 답답하면 벗어요
당당하게 다니세요
신체가 남다르다 해서 부끄러운 게 아니잖아요

진성은 독립심 강하고 공부도 열심이었다
만 공주님, 오늘은 신국의 제왕학을 공부하는 날입니다
총명한 만 공주는 단숨에 다 외워버렸다

제1대 박혁거세 거서간 제2대 남해 차차웅 제3대 유리 이사금 제4대 탈해 이사금 제5대 파사 이사금 제6대 지마 이사금 제7대 일성 이사금 제8대 아달라 이사금 제9대 벌휴 이사금 제10대 내해 이사금 제11대 조분 이사금 제12대 첨해 이사금 제13대 미추 이사금 제14대 유례 이사금 제15대 기림 이사금 제16대 흘해 이사금 제17대 내물 마립간 제18대 실성 마립간 제19대 눌지 마립간 제20대 자비 마립간 제21대 소지 마립간 제22대 지증왕 제23대 법흥왕 제24대 진흥왕 제25대 진지왕 제26대 진평왕 제27대 선덕여왕 제28대 진덕여왕 제29대 태종 무열왕 제30대 문무왕 제31대 신문왕 제32대 효소왕 제33대 성덕왕 제34대 효성왕 제35대 경덕왕 제36대 혜공왕 제37대 선덕왕 제38대 원성왕 제39대 소성왕 제40대 애장왕 제41대 헌덕왕 제42대 흥덕왕 제

43대 희강왕 44대 민애왕 제45대 신무왕 제46대 문성왕 제47
대 헌안왕

자 이번엔 신국의 계급과 화랑제입니다

어린 만 공주의 눈이 빛났다
왜 같은 사람인데 날 때부터 계급이 있어요?
스승을 당황하게 만들기도 하고 놀라게도 했다
또한 어린 만 공주는 몸소 겪어 보는 공부를 즐겨했다

백성들의 음식을 먹어 보기도 했다
특히 된장찌개와 마늘도 잘 먹고 콩을 좋아하며
백김치도 잘 먹었다
과일과 차를 즐겨 마셔서
피부가 참으로 고왔다
산을 자주 오르다가도
스승이 숨차 하면
우리 방향만 조금 틀면 하산下山이 돼요
원효대사도 방향을 틀었잖아요
산 정상 안 간 시간만큼 우리 계곡이나
꽃그늘에서 쉬었다 가요
계곡에서 물고기에게 돌을 던지며 놀았다
긴장하는 물고기가 더 맛있고 생명력도 더 오래 간다고
스승님이 지난번 말씀해 주셨잖아요

가시 많은 생선이 맛있다고 하시면서요
제가 물고기를 위해 작은 돌로 생명력을 준 겁니다 호호호

만에게는 속으로 좋아하는 화랑이 있으니
만보다 세 살 위로, 이름은 귀남이다

—응렴의 선택

박색의 맏공주 영화 공주 택하면
세 가지 이로움이 있을 거라는 법교 스님의 말대로
응렴은 헌안왕 뜻 받들어 총애 받고
부마된 지 석 달 만에 대왕에 오르고
애당초 마음에 둔 설화 공주까지 차비로 맞아들였네
차비가 딸을 낳으니
만曼이라 이름 지었네
영화 공주에게서 정과 황, 두 왕자를 얻고
설화 공주에게서 만 공주까지 얻은 왕은
조정의 일은 상대등과 시중에게 맡겨두고
비빈 시녀들과 가무음곡 즐겼네

만이 노랫소리에 이끌려 길섶으로 나섰을 때
네 명의 청년들이 만을 둘러싸고 다가왔다
우리랑 한번 놀아볼까?

건장해 보이는 청년 하나가 만의 어깨를 잡았다

그 순간 다부진 목소리가 공기를 갈랐다
그 손 치우지 못하겠느냐
어디다 더러운 손을 대느냐
네 명의 치한은 우렁찬 소리에 줄행랑을 쳤다

낭자, 그럼 조심해 가시지요
뒤돌아가는 낭도를 만이 불러 세웠다
저, 고맙습니다 존함이라도 알 수 있을까요?
저는 낭도 귀남이라 하오
만은 귀남의 빛을 뿜는 강렬한 눈동자를 보았다
귀남과 만은 서로 고개를 숙여 인사하고 돌아섰다

그때 낭도 서넛이 오다가 귀남과 인사를 나누었다
자네들, 오늘도 만 공주님 보려고 나왔는가
자네는 아닌가? 난 아닐세
옆의 낭자를 뒤돌아보는 귀남의 얼굴이 붉어졌다

만 공주가 웃으면 그 주변이 다 환해지고 선하니
우리 낭도들 누구나가 공주님을 좋아하지
다른 낭도가 거들었다
낭도 일행이 지나가자 귀남은 고개를 숙이며

그럼 낭자, 조심히 가오

저기, 낭도의 소원은 무엇이오
혹 공주를 그렇게 보고 싶어 하면 다음 주 나와 보시오
다음 복회에 만 공주가 꼭 온다오
낭도의 선행에 부처님이 가피를 내려주실 것이오

다음 복회날이었다
만 공주는 지난번 만난 귀남 낭도를 은근히 기다렸다
어디선가 자신을 지켜볼 낭도를 생각하니 가슴이 뛰었다
귀궁 길 산길에서 사나운 멧돼지를 만났다
가마잡이와 궁녀들의 안색이 새파랗게 질렸다

순간, 날아온 화살이 멧돼지의 심장을 관통했다
귀남 낭도였다
만은 아름다운 인연을 예감했다

이름이 무엇인가?
귀남이라 하옵니다

내 그대의 활 솜씨와 용기가 범상치 않으니
나를 엄호하는 일을 하면 어떻겠소?

황공합니다

신명을 다 바쳐 공주님을 모시겠습니다

귀남은 귀에 익은 음성이라 고개를 갸웃했다

만이 슬픈 표정이면 벌써 귀남의 눈 속엔
이슬이 맺히듯 만의 눈빛을 따라 다녔다
만이 무엇을 원하는지 알곤 했다

낭도로서 나라 안을 주유하며 보고 들어
세상 물정 잘 알고 무예도 탁월하니
배울 게 많고 성품이 따스하고 말이 없다
육두품의 자식이나 훤칠한 용모에 단단한 몸
푸른 산과 같고 나무 같았다

만이 한 시간 동안 새의 날개만 그리자
귀남은 새를 그려 만에게 주며 말했다
새장은 마음속에 있는 것입니다

만은 날아가는 새를 바라보며
저 새처럼 나라 안을 다녀보고 싶다고 했다

> 궁은 또 하나의 감옥이야
> 세상을 알고 싶어
> 개구멍이라도 있다면 수챗구멍이라도 있다면

궁의 높은 담만 아니라면 월담이라도 해서
바깥을 보고 싶어 바깥을 알고 싶어
저 굳게 닫힌 문을 나서고 싶어
바깥이 나를 자꾸 부르고 있어

유모와 침모가 그 모습을 보고 있었다
침모의 오라버니가 궁문을 지키는 책임자로 있었다
유모는 호기심도 많고 뭐든 배우고 알고자 하는
만의 성품을 알고, 병중인 경문왕 몰래
침모와 논의한 후 만을 남장시키고
귀남에게 단단히 일러 궁문을 나서게 했다

만이 귀남과 여러 곳을 다니다 주막으로 가
목을 막 축이는데 서너 명의 사람들이
왕실과 궁에 대한 불만을 토해내었다
가만히 들어보니 아버지 부왕의 이야기였다

왕은 과도한 음사로 풍열이라도 생겼는지
끓어오는 몸을
여인들이 얼음으로 차게 한 다음 안아도 소용없자
몸이 차가운 뱀에 의지해 잠을 청해
왕의 침소에 뱀이 가득하고

도성으로 들어가는 도림사 대나무 숲이

임금님 귀는 당나귀 귀다! 하고 울자
왕은 도림사 대숲을 모조리 베어버리고
삼나무를 심어도 소리가 났지

임금에게 복두를 해 준 복두장이는
도림사 대숲에 참았던 비밀을 말하고 죽었다네
복두장인 임금이 죽인 거나 다름없다네

희한한 일이 자꾸 일어나니 나라 앞날이 걱정되네
경문왕도 얼마 못 갈 것이야
다른 이들이 합창하듯 말했다

걸쭉한 목소리의 사내가 말했다
별의별 일들이 다 생기고 있지
왕 7년(867년) 정해년 봄이지
사벌주 가은현加恩縣에 일어난 이변이라네

지렁이의 아들 이야기라네
옛날부터 나라에 반역을 하거나
모반을 일으켜 왕이 된 사람을
용의 아들이나 지렁이의 아들로 불렀지
옛 중원 땅 고사를 보면 한 고조 유방이 그러했지

아자개란 사람의 초옥으로 큰 지렁이가 들어갔는데

그날 태어난 아이가 진훤인가 견훤인가 한다네
왕이 가은현 태수에게 아기를 죽이라
어명을 내렸으나 미리 피했다지

다른 사내가 말을 받아 이었다
나는 견훤에 관한 다른 이야기를 해 보겠네
문경 가은의 아차동 부잣집 딸에게
밤마다 찾아오는 자줏빛 선비 있어
딸은 아버지가 시킨 대로 바늘에 실을 꿰고
청년의 옷에 몰래 바늘을 꽂았네
실이 끝난 곳에 대들보만 한 굵은 지렁이가
바늘에 찔려 죽어 있었으나
딸의 뱃속에는
이미 지렁이 청년의 아이가 자라고 있었다네
그 아이가 바로 그 견훤이라네

또 다른 사내가 말을 받았다
오색 무지개 변괴 이야기 하나 더 해 줌세

왕 8년(868년) 5월 5일 계림 서쪽 모량부
경문의 아들 양완의 첩 옥녀가 아이를 해산하던 날
밝은 하늘에 무지개 끝이
경문의 기와지붕 위에 뻗쳐 내렸지
마른번개 뒤 서편 하늘의 오색 무지개는

상서로운 조짐을 보이는 것이라네
이 서기를 받고 태어나면
한 나라의 군왕이 될 것이지
시위부 김부 장군은 어명을 받고
옛 보덕국 왕 연안승 가문의 후손들이 사는 마을
가장 큰 저택 경문의 집으로 당도하였으나
아이는 천기를 볼 줄 아는 행각승 덕분에 피했다네
태어날 때부터 앞니가 두 개 돋아나
장차 모반할 아이가 태어난 징조라지
경문은 훗날 화근을 피하려
친모의 성인 궁弓씨를 붙여 예叡란 이름을 지었지
하녀에게 업히어 도망가다 나뭇가지에 눈이 찔려
한쪽 눈이 멀게 된 아이에게
백화사 주지스님이 세끼 밥을 먹여주었다지
연안승의 가문은 멸족된 듯 보이나
그 아이만은 목숨을 부지할 수 있었던 거지

귀남은 만을 살피며,
조심스레 말을 꺼냈다
누구나 왕이 되면 비난을 받는 거라고

만은 마음 쓰지 않는다는 표정으로 담담하게 말했다
상대를 이해하지 못하고 비난하는 사람들과
질투하는 사람들,

왕이 되지 못해 왕을 비난하는 사람들,
사생활의 결점과 약점을 들추어 비난하는 사람들,
신념이나 사고방식이 달라 적이 되는 사람들이 있지
허나 나는 있는 그대로 백성들의 목소리를 듣고 싶어

건너편 상에서 한 서린 목소리가 날아왔다
골품제 아래선 한계가 있어
에잇, 이놈의 세상,
누구나 기회를 얻을 수 있는 세상에서 살아야 해
힘을 내세, 또 아는가 그런 세상이 올지를
자, 그럼 건배하세 신분 차별 없는 세상을 위하여!

만은 궁에서는 들을 수 없는 소식을 접하는 사이
골품제에 대한 모순과 부조리를 깨우쳐갔다

왕 8년 정월, 이찬 김예金銳, 김현金鉉이 모반하다 처형,
왕위를 노리는 사람들이 까마귀처럼 모였다

귀남과 탱화도 보고 탑돌이도 했다
만이 원하면 그곳이 어디든 귀남은 길동무가 되어 주었다
야산도 오르고 벌판도 달리고 냇물에도 갔다
꽃이며 풀이며 나무며 산이며 동물이나 곤충은 물론
자연의 이치를 알고 있었다
사람도 자연이므로 자연의 이치대로 살아야 한다고

귀남이 말했다

경문왕 13년
헌데, 황룡사탑은 어찌 되었느냐?
폐하, 황룡사 9층탑 불사가 모두 끝났습니다
높이가 22장丈이라 합니다

으음, 황룡사 9층탑은 우리 신국에서 대대로 물려온 보물이 아니더냐
32대 효소왕 7년에 탑에 벼락이 떨어져
33대 성덕왕 때 탑을 세웠으나,
과인에 이르러 두 번째로 벼락을 받으니
위홍이 탑 중수하느라 고생 많이 했구나
사천왕사가 왕실의 중심 사찰을 맡아왔는데
과인은 9층 목탑을 다시 세운 것을 계기로 해서
황룡사를 중심으로 불교를 개혁하려 하노라

폐하, 반란이 터졌습니다
뭐라? 또 반란이? 이번에는 누구란 말이냐?
이찬 근종입니다
폐하, 근종의 군사들이 궁궐을 침범하였습니다
병부령은 무엇하느냐? 군사를 동원하여 역도들을 물리치지 않고!

경문왕 14년 5월, 이찬 근종이 모반하여
대궐을 침범하므로, 만 공주는 아홉 살의 나이로 지켜보았다
폐하, 근종의 무리들을 추격, 체포하였습니다

이번 반란의 경우 반란군이 직접 왕궁을 침범해서
왕을 공격하고 왕위를 찬탈하려 했으니
거열형에 처하라
역도들에 대해 경종을 울릴 것이니라

왕족 제륭의 손자인 아버지 응렴은
신라 제47대 헌안왕(857-861)의 맏사위로
부마가 된 지 석 달 만에 왕이 되더니
40세를 넘기지 못하고 재위 15년 만인 7월 세상을 떠났다
큰오빠 정政은 16세로 제49대 헌강왕(875-886)이 되었다
그의 어머니는 문의왕후이며, 왕비는 의명부인이다
헌강왕은 아버지 경문왕 재위 때 태자로 책봉되었다

경들은 들으라!
이찬 위홍을 상대등으로 임명할 것이며
대아찬 예겸을 시중으로 임명할 것이다

만이 축하 인사차 들렀을 때
삼촌 위홍이 왕에게 말하고 있었다

김헌창 난 이후 지방 세력의 힘이 강화되어
장보고 같은 해상세력이 등장했지요
헌덕왕의 아우 흥덕왕(제42대) 사망 후
왕위 쟁탈 전쟁이라는 새로운 양상의 정권다툼이 일었지요
그의 종제 균정과 오촌 조카 제륭(제43대 희강왕)이
왕위 다툼 벌이다 제륭이 균정을 살해하고 왕위에 오르지요
허나 거사를 도모했던 김명(제44대 민애왕)과 이홍의 반란으로
제륭은 자결하지요
그 무렵 균정의 아들 우징(제45대 신무왕)은
장보고에게 군사 5천을 빌려 서라벌을 공격,
민애왕을 죽이고 왕위에 올랐지요

만이 방으로 들어서며 그 뒤를 이어 말했다

신무왕은 즉위 5개월 만에 등에 종기가 나서 죽고
그의 아들 문성왕(제46대)이 왕위에 올랐으나
자신의 딸을 왕비로 받아들이지 않는 이유로 장보고가
반란을 일으켜 조정을 위협하자, 장보고 난 수습하고
청해진 세력인 양순과 홍종의 반란과
김식과 대흔의 반란을 겪은 후 문성왕은 청해진을 해체했지요
청해진 사건이 진행되는 동안 지방 세력이 더욱 힘이 강해지자
부왕께서 왕권 회복을 위해 많은 노력을 하신 것이지요

만 공주님, 어서 오십시오

만아, 어서 오너라

지방 세력을 조심하셔야 합니다
또한 반란을 조심하셔야 합니다

과인도 왕권 회복을 위해 애쓰겠노라

만은 아버지를 잃은 슬픔을 이겨내려 한다며
헌강왕에게 정식으로 주청하여 여러 날 출궁을 허락받았다

2. 귀남, 떠나다

냇가를 지나다가
낭랑한 노랫소리에 발길을 멈췄다
그 내용이 의미심장하게 들렸다
귀남은 만의 마음을 읽고는 냇가로 안내했다

> 선덕여왕 덕만은 비록 불심 깊으나
> 조정 중신들 손아귀에 휘어잡지 못하여
> 김춘추에게 국정을 일임하다시피 하니
> 춘추는 당나라 의존하는 정책을 쓰는구나
> 이에 분개한 상대등 비담, 염종이 반기를 들다가
> 패하여 30여 명이 몰살당하고 마는구나

아이쿠 깜짝이야, 너희가 사람이냐, 귀신이냐 도깨비냐
사람이면 기척을 해 봐라
이 깊은 산골 지나가는 사람 드물어
예인은 갑작스레 나타난 사내아이들 보고
빨래방망이를 치켜들었다

만과 귀남은 약속이라도 한 듯
우린 허깨비다! 소리쳤다

셋은 합창이라도 하듯 깔깔 웃어댔다
난 귀남이고 이 애는 내 친구다
나는 예인이라고, 저 아랫마을에 산다
근데 새는 함부로 잡지 마라
예인은 노래를 불렀다

—원앙의 혼

김수길이란 유명한 사냥꾼 살았네
하루는 사냥감을 찾지 못해 체면이 말이 아니었네
산을 내려와 연못가에서 한 쌍의 다정한 원앙을 보고
한 마리의 원앙 심장을 쏴 죽였네
죽은 원앙의 머리가 없어진 걸 보고
괴이하게 생각했네
술잔 기울이다 깜빡 졸던 사냥꾼 앞에
아름다운 여인이 앉아 흐느끼더니
저는 당신이 쏜 화살에 맞아 죽은 원앙의 아내랍니다
남편 없이 사느니 저 또한 죽여주십시오
어제 남편이 죽은 그 자리에 있겠습니다
다음날 연못가 그 자리 원앙 한 마리 힘없이 앉아 있었네
사냥꾼이 시위를 당기고 가 보니
죽은 원앙 날개 속 어제 잡은 원앙 머리가 들어 있었네
사냥꾼은 원앙을 묻어주고

> 사냥을 그만 접고 수도길에 올라 원앙혼과
> 자신이 사냥한 짐승들의 극락왕생을 빌었다네

원앙은 절벽 같은 높은 곳에 알을 낳는 습성 있는데
원앙새끼는 그 절벽에서 뛰어내려도 안 죽는대
본능적으로 저항력을 줄이려 이렇게 한대
예인은 자세를 흉내내었다
그 노래가 무슨 노래냐
만이 궁금증을 참지 못하고 물었다
맨입에 알려줄 수 없다
만이 슬그머니 주먹밥을 내밀자
예인은 허겁지겁 받아먹고는 운을 떼었다

이 노래는 행상하는 울 아부지가 불러주던 것들인데
아부지도 이 마을 저 마을 떠도는 노래를 배워 와
나는 이 노래가 참 좋아서 베껴 적기도 하고 부르지
노래하는 동안 신명도 나고 속이 시원해지곤 해

만은, 그럼 다른 노래도 불러볼래
바짝 다가앉으며 애원하였다

예인이 뜸을 들이자 귀남이 제 몫의 주먹밥을 내밀었다
굶은 아이처럼 예인은 주먹밥을 먹어치우곤 노래했다

장보고 남은 세력 소탕되고
우후죽순 도적들도 토멸되고
나라 안팎 두루 평안하니
미루던 궁성 보수공사 시작하는구나
높은 양반들 사는 집 짓고
궁궐 보수하느라
농번기를 놓친 백성들
제때 농사짓지 못해 수확이 줄어도
나라 세금은 외려 오르기만 하는구나
새로 단장한 임해전에서 성대한 연회 열릴 때
갖은 세금과 노역으로 백성들은 시달리고
지어봐야 빚잔치 농사로구나
귀족들 비단옷 입고 곳간이 넘쳐나면
백성들 피눈물 넘쳐나는구나
굶주린 백성들 초적이 되누나 도적이 되누나

만은 헌안왕 3년의 일을 노래한다는 걸 알았다
만은 예인의 집으로 가보고 싶었다
떠도는 노래를 적은 것도 보고 싶고
더 깊숙이 백성들의 삶을 느끼고 싶었다
예인아, 우리 친구하자
만이 손을 내밀자 예인도 손을 잡았다

예인 아버지는 육두품에서 몰락하여 행상을 하는 처지라

수입은 보잘 것 없고 가난하게 살았으나
지방 소식이나 민심을 잘 아는 사람이었다
그늘 서린 얼굴로 어느 지방 민란소식을 들려주었다
탐관오리의 횡포로 억울한 백성의 삶도 들려주었다
궁궐 안에서 이런저런 왕실 교육 받고
풍족하게 생활해 온 만에게
이 친구들과 다니는 시간은 바깥의 시간이었다

갇혀 있는 삶은 진짜 삶이 아니라는 생각이 들었다
진실은 보이지 않는 곳 너머에 있다는 것도 알았다
떠돌아다니는 노래 속에 민심이 있었다

농민들은 남의 곡식을 빌려먹거나 재물을 얻어 쓴 뒤
갚지 못하면 귀족들의 부림을 받게 되거나
노비가 되거나 유랑민이 되었다
예인의 삼촌도 가뭄이 심해지자 몇 년 농사 망치더니
조세 바치랴 먹고 살랴 꾼 곡식이 밀려 전답으로 갚고
귀족 노비로 들어가 목구멍에 풀칠하며 살았다

만과 예인, 귀남은
볏짚을 썰어 암소 좋아하는 푹신한 잠자리 만들고
약쑥이나 구절초 채취하여 약방에 팔기도 하고
꽃으로 목걸이 만들어 차기도 하고
숲으로 가 솔방울 줍고 솔가지 가져와 아궁이에 불 지펴

고구마도 구워 먹으며 자연의 이치를 익혔다

예인과 예인의 아버지를 따라
마을에서 마을로 돌아다니며 보따리 짐을 나르기도 했다

부곡민들이 모여 사는 마을을 지나기도 했다
포로가 된 사람들, 반란을 일으키거나 죄 지은 사람들
그들의 자식 손자들이 모여 살며
귀족들 머슴이 되고 성을 쌓고 절이나 왕궁 짓는 일에
동원되는 걸 보았다
예인의 아버지는 산길을 지날 때면 산적을 경계하며
재배세력이 권력 다툼질과 사치로 날 새우며
농민들의 삶과 곡식을 빼앗아 간다며
백성이 곪아가고 있는데 곪은 것이 터지는 날 올 거라 했다

만은 지치지도 않았다
불교 행사가 있어 절에 갈 때
스쳐 지나가던 풍경과는 달랐다

함께 일하고 놀면서 만은 생기가 살아났다
그러는 동안 백성들의 삶을 들여다볼 수 있었다
백성들의 목소리를 들을 수 있었다
동물은 기관을 통해 배우나
만은 일과 놀이를 통해

더 높은 세계를 배웠다

만에게 새로운 세계가 열렸다
백성 농민들의 가난이 대물림되는 현실을 알게 되었고
궁궐 안에서 늘 잘 먹고 잘 살던 만은
집 없고 배고픈 가난의 고통을 조금씩 알아갔다

어느 날이었다
셋이 길을 내려오다 바위에 앉아 쉬고 있는데
스님이 지나다가 쉬어가려 바랑을 내려놓고
방갓을 벗었다
만은 산에서 딴 머루를 스님께 시주했다
예인이도 산딸기를 슬그머니 한 주먹 내놓았다
귀남이도 주머니 속에서 갈근을 꺼내 건넸다

허허, 내가 오늘은 부처를 만났구나
내 공짜는 싫고, 관상이나 봐 주겠다
그때 귀남은 물을 뜨러 샘가로 갔다
스님은 우선 예인에게 말했다
아깝도다 명이 길면 노래로 세상에 이름을 날릴 텐데
예인은 자신이 노래하는 사람이 되고 싶다는 걸
스님이 알아준 것만으로도 기뻐서 합장했다
스님은 만을 보더니 흠칫 놀라는 기색이었다
네게는 제왕의 기상이 엿보이는구나

허나, 거센 풍운이 일어 세상을 덮겠구나

만의 얼굴이 잠깐 굳어졌으나
예인은 깔깔 웃었다
만은 범상치 않은 스님의 눈빛을 놓치지 않았다
스님과 헤어지려는데 만은 합장을 하며
스님의 존함을 여쭙고자 합니다
저는 대구 화상이라 하옵니다
스님은 정중하게 합장하고 자리를 떴다

타고난 운명도 노력과 선택에 따라 달라질 수 있어
만이 바라본 서라벌 하늘에 먹구름이 몰려왔다
귀남이 떠온 물을 만에게 전하자
예인이 낚아채더니 벌컥벌컥 마셨다

예인네 집에 비가 왔다
지붕이 새는 곳곳마다 비가 들어와
삽시간에 집안은 물바다가 되었다
예인은 아무렇지 않게 빗물을 받아다 버렸다
젖은 옷으로 앉아있자니 만의 몸이 점점 추워왔다
얼른 궁으로 돌아가고 싶었지만
돌아가면 좋은 음식에 따스한 방이 기다리지만
자신만 그런 곳으로 돌아갈 수 없었다
양동이에 떨어지는 빗소리가 음악 같아

만이 말하자 모두가 웃으며 말없이 빗소리를 들었다

늦게 궁에 돌아온 만은 감기몸살을 된통 앓았다
만은 집 없이 살고 있는 백성들을 보았다
하루하루 밥을 위해 사는 눈물 나는 삶을 보았다
왕이 된다면 백성들을 행복하게 할 것이다
만은 눈물을 흘렸다
한 나라의 불행은 사람들이 서로 사이좋게 살지 않고
서로를 지배하려는 데서 오는 것,
그보다 집 없고 배고픈 백성이 많다는 것,
왕이 된다면 백성을 섬기는 왕이 될 것이다
입을 다문 짐승처럼 짖는 법을 모르는 백성들
언젠가는 울음이 터져 나오면 무서울 것이다

만曼은 황晃 오라버니에게 각오를 내비쳤다
백성들의 밑바닥 삶을 알고
더 멀리 여기저기를 다녀보며 몸과 마음을 수련하고 싶다고

만의 정신은 활력을 얻었고
몸이 허약한 둘째오빠와는 달리 더 강해졌다

만은 알지만 누구 앞에서도 내색하지 않았다
만은 안이 바깥보다 더 어수선하고 시끄럽고
안이 바깥보다 더 냄새난다는 걸 말하지 않았다

동경東京에서 동해 어귀에 이르기까지 집들이 즐비하고
초가집이 한 채도 없이
길에는 음악과 노랫소리가 끊이지 않았으며
바람과 비는 사철 순조로웠다고 적은
계림록도 다 믿을 수 없다는 걸,
백성들은 여전히 가난하게 살고 있다는 걸 알았다

헌강왕 4년 7월, 당나라에 사신을 파견하려 하였으나
황소黃巢의 반란이 일어났다는 말을 듣고 이를 중지하였다

큰오빠 헌강왕 재위 5년, 만曼 공주 나이 열다섯,
만 공주 친모이자 차비인 설화 공주 세상 뜨고
숙부이자 상대등인 위홍魏弘은 만에게 글을 가르치고
유모이자 위홍의 아내인 부호 부인이 만 공주를 보살폈다

위홍은 가끔 만 공주가 있는 곳으로 내려와
함께 말을 타거나 활을 쏘며 사냥을 나가기도 했다
들판을 달리고 산 속에 들면
만은 질문과 이야기를 퍼부어댔다
위홍 삼촌은 무슨 소리가 듣기 좋아요?
저는 독경소리가 좋습니다만, 공주는요?
저는 글 읽는 소리와 아기 우는 소리요
냄새는 엄마 냄새와 밥 냄새가 좋구요
배운다는 것은 선해지는 것 같아요?

자연 속에서 자연을 닮아가는 것 같구요

어른이 되면 이런 남자와 사랑을 할래요
운동을 좋아하고
책 많이 읽고
청렴하고 해학적인 감각이 있고
밥을 같이 먹어주는 사람요
허허허, 위홍은 호탕하게 큰 웃음을 웃었다
그런 완벽한 사람은 없을 것입니다

삼촌, 저기 농민들이 풍년에 감사제를 올리고 있어요
농사가 잘 되면 땅에 고맙다 하지 않고
하늘에 고맙다고 제사를 지내네요

땅을 하도 밟고 다니니까
땅을 우습게 여기는가 봅니다
땅처럼 인과가 분명하고 경우가 밝고
보은을 아는 경우도 보기 드물지요
하늘은 차라리 못 믿을 때도 많지요
죽어라 모내기를 했는데
갑자기 폭우에 논이 다 잠겨 농사를 망치거나
물이 필요할 때 쩍쩍 갈라진 논밭에서 죽어가는 벼를
나 몰라라 하지요
땅은 늘 가꾼 만큼 우리에게 베풀어 주지요

힘들이는 사람에겐 힘들이는 만큼 보답을 주지요
땅 가꾸는데 벌벌 떨고
제대로 거름 한 번 넣어주지 않고
제 몸 가꾸는 데만 혈안이 되어 사는 사람들
땅에게 야박한 사람들,
자식으로 치면 후레자식 아닌가요?
땅이 하늘처럼 번개나 천둥, 혹은 흐린 날이나,
진눈깨비, 폭설로 말할 수만 있어도
여기저기 쑤시고 아프다 할 땅들이
얼마나 많이 나올지 두려워요
해마다 걷어만 가고
저렇듯 묵정밭 되도록 무심하면 안 되지요
백성들에게 방을 부치세요
땅이 어머니라고요

위홍은 진성의 말을 듣다 말고 크게 놀랐다
공주님은 궁을 떠나 생활하는 동안 많이 성장하셨습니다
공주님은 적극적이고 아주 열정적이십니다
정도 많고 긍정적이고 맑고 밝아서
새도 친구가 되고 나무도 친구가 됩니다

위홍은 만 공주가 역사와 세상일에 관심이 많고
세상을 경륜할 그릇이 되어 감을 느꼈다
말로만 들어온 이린 시설의 덕만이 살아온 듯했다

총명했고, 슬기로웠고, 아름다웠다

삼촌, 성골 남자가 더 이상 남지 않아
국인들이 덕만 공주를 왕으로 추대했지요
진평왕에게 아들이 없었지요
덕만 공주님은 성품이 어질고 너그럽고 총명하였지요
선덕여왕의 남편 갈문왕은 진평왕의 동생이었지요

위홍은 만의 진지한 자세에도 믿음이 갔다
만 공주도 속내를 털어놓을 누군가가 필요했다
삶의 지혜를 일깨워주는 위홍 삼촌이
따스한 마음으로 만 공주에게 자리잡아갔다

거서간, 차차웅, 이사금, 마립간, 왕, 제帝… 여러 칭호를 쓴
임금의 생활은, 왕비는 다른 남자와 관계해도 상관없고,
본인이 아닌 아기에게 왕위를 넘겨주기도 하고,
남매와 사촌끼리 결혼도 했어요
진골, 성골은 최고 지위로 엄청난 부와 권력을 가지고
왕위 계승권을 가졌습니다 여자도.
주사위놀이나 술을 물에 띄워 노는 놀이를 했으며
방 넓이가 24자에 섬돌을 3단까지 쓸 수 있었지요
6두품은 6위까지만 관직에 오를 수 있으며
왕위 계승권은 없습니다
주로 학자를 배출했으며, 평민보단 나은 생활을 했지요

신분 제한 때문에 정치적으로는 별로 활약을 못했어요
4두품은 12위 관직까지만 오를 수 있고,
대우는 6두품 아래
방의 길이는 15자를 넘으면 안 되었고,
섬돌도 쓰지 못하고 말도 2필 이상 넣을 수 없었지요
4두품 여자는 무늬 없는 베나 명주로 된 겉옷에
속옷은 거친 명주 또는 민무늬 명주나 베를 쓰고,
옷고름은 무늬 있는 비단 이하를 쓰고,
버선목은 무늬 없는 것을 쓰고,
비녀는 놋쇠나 돌 이하를 썼지요
3두품 이하는 평민이었는데 간단한 초가집에
근친상간과 친척, 형제끼리의 결혼은 행해졌지요
식사도 곡식과 채식 위주로 힘들게 살았지요

어느 날 귀남과 만은 개운포開雲浦를 거쳐
영취산의 망해사望海寺에 들렀다
어느날 헌강왕이 개운포로 놀러갔다 돌아오려 할 때
물가에서 쉬고 있는데 갑자기 구름과 안개가 캄캄하게 덮여
길을 잃었다 왕이 괴이하게 여기니 일관이 아뢰었다
이는 동해에 있는 용의 변괴니 좋은 일을 하여 풀어야 합니다
용을 위해 근처에 절을 짓도록 유사(담당관리)에 명하니
구름이 걷히고 안개가 흩어졌다
구름이 걷힌 포구라는 뜻의 개운포가 되었다

귀남이 말을 이어갔다
동해의 용은 기뻐하여 일곱 아들을 거느리고
왕의 수레 앞에 나타나 덕을 찬양하고 춤추고 음악을 연주했다
그 중 한 아들이 왕의 정사를 보필했는데 처용處容이라했다
왕은 미녀를 주고 급간級干 직책을 주었다
역신疫神이 그의 아내를 흠모하여 몰래 자곤 했다

동경東京 밝은 달에 밤새도록 노닐다가
들어와 자리를 보니 다리가 넷이구나
둘은 내 것이지만 둘은 누구의 것인가
본래 내 것이지만 빼앗긴 것을 어찌하리

처용處容이 집에 돌아와 그 광경을 보고 노래지어 부르니
역신이 처용 앞에 꿇어앉아 말했다
맹세코 오늘 이후로는 공의 형상만 보아도
그 문에는 절대로 들어가지 않겠습니다
이로 인해 사람들은 문에 처용의 형상을 붙여
사악함을 물리치고 경사스런 일을 맞이하려 했다

처용을 위해 세운 절이 바로 이 망해사, 혹은 신방사입니다
헌강왕 11년(885년), 3월 최치원이 당唐에서 귀국했다
그의 나이 스물여덟이었다
그가 신라로 돌아오려고 할 때,
당나라 시인 고운은 송별시를 적어 그를 칭송했다

나는 들었네, 바다 위에 세 마리 금자라 있어
머리 위에 높은 산을 이고 있다네
산 위에 주궁, 패궐, 황금전이 있고
산 아래 천 리 만 리 넓은 파도 있다네
그 곁에 점 하나 푸르른 계림 땅
자라 산의 정기 어려 기특한 인재가 났네
열두 살에 배를 타고 바다를 건너
그 문장이 중화국을 감동시켰네…

열아홉 살이 된 만을 모두 아끼고 사랑했다
하루는 두 살 터울인 황 오빠를 따라 출궁했다
저잣거리를 거니는 즐거움을 맛보는데
내 돈, 아이고, 내 돈 좀…… 다급한 소리가 들렸다
사람들 틈 사이로 한 사내가 도망치고
그 뒤를 다른 촌부가 쫓고 있었다
사람들은 저마다 자기 일에 바쁘고
남의 일에는 참견 않으려 몸을 사렸다
만은 인정이 참 메말랐음을 느끼며
자신도 모르게 사내를 쫓았다
황 오빠는 쫓아오다 주저앉고 말았다
만은 끝까지 쫓아가 소매치기범을 붙잡았다
노모가 아파 전 재산인 소를 판 돈이라며
촌부는 연신 만에게 허리를 조아렸다

헌강왕은 후사가 없더니
재위 12년 만에 나이 서른다섯을 못 넘겨 병사했다
헌강왕의 유언에 따라 886년, 날 때부터 허약했던 황 왕자가
스물세 살의 나이로 보위에 오르니 제50대 정강왕定康王이다
상대등은 위홍, 시중으로는 준흥을 새로 임명했다

큰오빠를 잃은 슬픔에 한동안 야위더니
이내 죽음을 받아들인 만이 다시 예인을 찾았을 때
예인도 죽음을 앞두고 있었다
예인은 자신이 모아 적은 노래책을 건네며
예전 어느 스님이 네게 왕의 기상이 엿보인다고 했지
네가 떠도는 모든 사뇌가를 여기에 모아 줘

예인아, 걱정 마 내가 이 노래 다 모아줄게

이 노래 속에 나 스스로도 모르고 있던
나의 얼굴이 있고, 우리가 있고
자연이 있고, 현실이 있구나

예인은 산에 묻혔다
만은 목소리를 잃었을 때 목소리를 찾아준
예인을 가슴에 묻었다
집에선 길을 잃었는데

집을 떠나와 길을 얻은 듯
만이 돌아와 노래를 읽다가
죽은 사람이 가장 근심없어 보이는구나 중얼거렸다

만曼은 아버지, 큰오빠와 예인의 죽음을 겪으며
사람은 죽는 존재라는 걸 알았다
예인의 죽음 앞에선 허무를 생각했다
조금 더 산다고 해도 다 흙으로 돌아가는 것
산다는 것은 죽는다는 것
어떻게 살아야 할지 두려워졌다

스무 살이 된 만은 틈나는 대로 무예를 익혔다
말 타고 사냥도 나가고 몸도 단련했다

어느 날이었다
귀남과 길을 가다가 만발한 꽃을 보고
만은 한참을 들여다보았다
가자고 재촉하지 않는 귀남이 믿음직스러웠다
꽃이 너무 예뻐
저 산은 저렇게 울창하게 우거져 있네
자연은 언제나 진실하고
자연은 언제나 진지하고
자연은 언제나 엄격해
가끔 자연과 벗하며 평범하게 살고 싶어

노동의 땀을 아는 사내 만나 아이 낳고 사는
저 아낙들이 행복해 보여
평범하게 사는 것이 잘 사는 것 같아
귀남은 그런 만을 안타깝게 바라보았다

만약 공주님이 왕이 된다면
선대 여왕보다 더 좋은 여왕이 될 것입니다
공주님은 어머니에게 용모의 아름다움을 물려받고
아버지의 총명함을 물려받으신 분입니다

아무리 총명해도 누구나 권력을 잡고
왕이 되면 다 같아지는 걸
난 그냥 내 삶을 충만하게 살고 싶어
궁궐 안에선 모든 게 지루하지
이미 세상을 다 가진 왕의 삶은 재미가 없어

공주님, 아무나 제왕이 되는 것이 아니지요
왕은 태어나는 것이지요, 영웅이 태어나듯 왕도 그렇지요
어떤 왕을 만나는가에 따라 백성들의 삶이 달라지는 거지요
위대한 재능이란 타고나는 것이지요
공주님은 건강한 정신력과 빼어난 몸을 타고 나셨지요

나는 아버지의 정치에서 답답함을 느끼고
어머니의 삶에선 궁에 갇혀 사는 여인의 외로움을 보았어

만은 혼자 생각에 잠겼다
오빠 정강왕이 몸이 워낙 허약해서 걱정이 되는 터였다
나도 좋은 왕이 될 수 있을까
귀남이 자신의 마음을 바꿔가는 걸 느꼈다
결국은 사랑하는 사람에게서만 배우게 된다

식물은 마디에서 마디로 성장해 가다 마침내
꽃을 피우고 종자를 맺게 되지
애벌레도 마디에서 마디로 성장하다가
머리가 나오게 되지
사람도 등뼈가 이어져 가다가 머리가 나오지
한 무리의 꿀벌 속에서 여왕벌 한 마리

만은 흥륜사 복회에 나가 전탑을 돌며 나라의 안녕을 빌었다
또한 서책과 시를 즐겨 읽었는데, 아직 만나 본 적은 없지만
소문으로 들어온 고운의 책을 읽으며 생각했다

당시 885년 최치원은 28세로 신라에 돌아와,
헌강왕에 의하여
시독겸한림학사수병부시랑지서서감사侍讀兼翰林學士守兵部侍郎知瑞書監事에 임명됐고
다음해 886년에 왕명으로
'대숭복사비문大崇福寺碑文' 등의 명문을 남겼고,
당나라에서 시은 저작들을 정리, 국왕에게 진헌하였다

무엇보다도 지방에서 호족 세력이 대두하면서
중앙 정부는 주州 · 군郡의 공부貢賦도 제대로 거두지 못하여
국고國庫가 비고, 재정이 궁핍한 실정이었다

어느 날, 만은 생각했다
고운의 곁에 머물며 더 많은 걸 배우리라
그의 인품을 접하고 그와 가까이 있는 것만으로도
나의 학식이 높아지게 되리라
왕이 된다면 훌륭한 왕이 되리라
고운 최치원을 중용하리라
그리하면 나도 크게 성장하고
힘이 모자라는 일들도 더 잘해낼 수 있으리라
이래서 공자는 시詩가 삿된 생각을 없애는 것이라 했구나

한편 조정에서는 경문왕계의 반대파 귀족들이 모였다
턱수염이 난 귀족 하나가 운을 떼었다
정강왕이 몸이 아파 정사를 돌보지 못하고 이러다간 다시
여왕의 시대를 맞이할 걸세
아니 위홍도 만만치가 않아, 정권을 장악하는 힘이 말일세
다른 귀족 하나가 말했다
이틈에 자객을 시켜 만 공주를 제거하면 어떻겠나
그보다 위홍을 제거하는 것이 더 나을 거야
그러면 화근이 뿌리째 사라질 것이네

귀남 아버지가 말했다
중요한 건 사람들이 왕이나 위홍을 모시면 자기들의 목적이
이루어진다고 확신하는 점이네
그래서 사람들은 아직은 경문왕계 사람들이 되고 마네

귀남 아버지는 김헌정과 역모에 가담하고
귀남은 그 낌새를 알고 있었다
귀남은 이슥한 밤, 만 공주를 없애려는 자객이 들자
온몸을 던져 자객을 막아냈다
그리고 더는 만의 곁에 머물 수 없게 되자
멀리 떠나 버렸다

> 사랑은 보답을 바라지 않는 희생이요
> 자유를 바탕으로 한 무모한 도박,
> 사랑은 고독한 모험이라 생각해요
> 난 강한 사람보다 부드러운 사람에게 약하고
> 부드러운 사람보다 선한 사람에게 약하죠
> 만 공주는 내가 만난 여자 중에 가장 선한 사람
> 아버지는 이번 일로 목숨을 끊고
> 어머니는 지병이 더 깊어지고
> 홀로 남은 어머니 여생 동안
> 어머니와 함께 있어드리고 싶습니다
> 떠나 있어도 만 공주님과 함께할 것입니다

편지 한 장에는 그간의 고뇌한 사연과
남모르게 만을 사모한 마음만 남았다

자식이 부모를 잘 모시는 것과
부모가 자식을 잘 돌보는 것은
모두 복 짓는 일이지

만은 중얼거리며 귀남이
언젠가 다시 돌아올 거라 굳게 믿었다

3. 나뭇잎과 물방울의 시간

시중, 아룁니다
폐하, 서쪽 지방에 가뭄이 들어 한재旱災가 극심합니다
금년 역시 흉년을 면치 못할 것입니다
허허, 큰일이로다 그렇잖아도 내 동생 만에게 들었노라
변방에 거하는 백성들이 생활고가 심하다 하였는데
그래, 가뭄 대책은 세우고 있는가

정강왕 즉위 2년째 되던 서기 887년
시중 준흥이 달려 들어와 아뢰었다
폐하, 큰일 났습니다 한주漢州에서 모반이 일어났습니다
무어라? 반란 사건이 일어났다 하였느냐?
이찬 김요가 반란을 주모하였다 합니다
한주의 관군은 무얼 하고 있었다는 말이냐?
속히 군사를 지원하여 반란군을 토벌하도록 하라

기근으로 민심이 이반하고
반란 세력이 준동하는 혼란상은 다반사로 일어나고
재위 2년째 되던 해 5월, 병환 중인 정강왕은
시중 준흥에게 유언을 내렸다

과인의 병이 위급하고 뒤를 이을 자식은 없다
내 누이동생 만曼은 천성이 명민하고
골상이 장부와 같으니,
만에게 왕위를 물려주노라
만을 불러라

새 주인이 될 것이다
할 수 있을 것이다
해야 한다

제가 오라버니도 없이 어찌 한답니까
네 눈동자가 말하고 있구나
허나 위홍이 있지 않느냐
위홍에게 내 간절하게 부탁해 놨다
신라의 앞날을 생각하면
내 두 눈을 감지 못할 것 같다
선덕여왕에게는 김유신과 김춘추가 있었느니라
너에게도 위홍이 있질 않느냐
사람이 바로 재산이다
사람이 바로 네 목숨이요
사람이 바로 네 사랑이다
사람을 만들어라
가을 7월 5일에 왕이 별세하였다
시호를 정강이라 하고, 보리사 동남쪽에 장사지냈다

정강왕의 유언대로
왕의 누이동생 만 공주가 제50대 왕으로 등극하니
곧 진성왕이다

위홍이 말했다
연무당으로 드시지요
진성은 상대등, 대구화상, 신당서리, 위홍과 시중
국선, 스승, 큰스님, 부호 부인과 많은 대신들 앞에 섰다

우선으로 할 일은 경제 진흥과 부국강병에 힘써야 합니다
특히 백성들의 뜻을 좇아 정책을 베풀어야 합니다
그날그날 먹고 살기도 어려운 사람에게
예절을 부르짖은들 무슨 소용이 있겠습니까
생활에 여유가 생기면
백성들의 도덕 수준은 스스로 높아지기 마련입니다
군주가 재정상 무리를 하지 않는 것이 곧
민생 안정의 근본입니다
물이 낮은 곳으로 흐르듯이
백성들의 뜻에 따라 적절히 경륜해야 합니다

대불림국(로마), 여현국(이집트), 당나라(중국) 등
많은 나라들이 진성의 즉위를 경축해 왔다
새주가 나와서 진성에게 옥새를 건네는 예를 갖춘 뒤

서리도 나와서 제천행사를 곧 주관하겠다고 보고했다
국선은 비재 날과 낭장결의 그리고 화랑의 산신제를 보고했다
병부령은 각 군과 주의 현황을 보고했다

과인은 관례에 따라,
어명으로서 대사면령을 내릴 것이오
또한 가뭄으로 고생하고 있는 주와 군의 백성들에게
1년 동안 조세를 감면해 줄 것이니 그리 시행토록 하시오
폐하, 성은이 망극하옵니다

김위홍이 앞으로 나섰다
폐하, 내일은 황룡사에서 백고좌百高座가 열릴 것입니다
행차하시어 고승들의 설법을 들으시고 은혜를 베푸시지요
그리하겠습니다
위홍은 왕에게 자문을 하고, 국사를 잘 살피도록 보필했다
위홍은 경문왕과 헌강왕, 정강왕 삼대에 이어 지금까지
왕실을 지탱하는 중추였다

가을에 왕위에 오르고 그 이듬해 2월
진성은 황룡사에 들렀다가
경주 소량리에 있는 위홍을 찾아갔다
진성에게 사랑은 존경심이다
진성은 정신적인 지도자가 절실했다
세상을 보는 안목을 배우고 싶었다

진성에게 위홍은 정신적 지도자였다

위홍이 말했다
그림이나 시 같은 예술작품은 순위를 매길 수 없습니다
소수 독자만 있어도 좋은 시는 좋습니다
예술가가 유명해진다는 것은
장애입니다
마치 과일 속의 벌레와 같습니다
그 벌레에게 정작 몸을 다 갉아 먹혀버려
유명해진 다음에 글을 못 쓰는 사람도 있습니다

위인들은 모두 원칙에 충실하며
모든 예술가들은 고독하고 불행합니다
고독과 불행이 예술가들의 정신의 밥입니다
당대엔 인정받지 못한다 해도
훌륭한 예술가는 후대에 인정받게 마련입니다

진성은 그에게서 역사에 관한 이야기도 많이 듣고
선대 왕들의 이야기도 듣곤 했다
방 안의 공기가 따뜻해졌다

위홍과 진성은 서로 사뇌가를 나눠 읽기도 하였다

명상하는 시간과 산책하는 시간도 가져보십시오

책 한 권을 읽고 나면
이번 글에서 무엇을 배웠는가 생각해 보고 적어 두세요
공부를 많이 해야 세상이 보입니다
진지하게 생각하는 사람이 되어야 합니다
기왕이면 이 세상에 진짜가 되어야 합니다
왕임을 잊지 말고
늘 자신감을 가져야 합니다
아무도 책임져 주지 않습니다
스스로 의지에 의해서 살아가야 하고
스스로 강해져서 살아가야 합니다

어느 날 진성은 궁녀를 데리고 황룡사를 갔다
불경을 공부하면서 진성은 세상에 대한
마음을 내려놓는 힘이 생겼다
진성은 스승처럼 모시는 큰스님을 뵈었다

좋은 생각을 하면 건강해집니다
내가 남에게 좋은 일을 하면
남도 나에게 좋은 일을 합니다
복잡하지 않은 이치 속에 살면
행복해집니다
자신의 마음을 맑게 지니고
남을 위해 진력盡力해서 돕는 일은
무엇을 달라는 기도보다 더 값진 것입니다

더 큰 행복을 가져다주는 것임을 믿어야 합니다
몸과 정신이 쉼 없이 움직이지만
그 속에서 본래 청정심을 유지하는 것이 수행자입니다
최고의 깨달음은 무집착입니다
복을 비는 기도보다는
자신의 내부를 관조하는 명상을 해야 합니다

진성은 큰스님을 스승처럼 받들었다
절 마당 한구석에 있는 은행나무를 보고 오는 것도 낙이었다
큰스님은 은행나무 아래서 시를 읊었다

—은행나무 아래서

여름을 견딘 것들이
가을빛을 떠받들고 서 있다
말이라도 걸면 금방 떨어질 듯한
저 여문 말씀들,

먼 길 돌아온 마른 햇살
멋모르고 제 몸을 하늘 가득 채우려는
눈먼 가지들을 흔들어
노랗게 익은 이야기들을 툭툭 떨구고 있다

늦게 온 계절을 마중이라도 하듯
은행나무 그늘에 버려져 있던
노란 마음 하나 주워 책갈피에 끼우면
은행나무는
오랜 기억을 떨어내려는 듯
이파리 하나 또 떨구고 있다

진성도 스님의 노래에 화답하는 시를 지었다

–도량에서

절에 와 식물성만 먹다 보니
식물의 성품을 배워가듯
순종하는 말씨
순종하는 자세

발바닥까지 머리를 낮추고
두 손을 들어 합장하고
마음을 모으고

절이 부자가 된다는 건
살기가 어렵다는 것

그만큼 부처님께 빌러 오는 일이 많다는 것

절하는 사람의 옆모습은 아름답다

진성은 옆에 있던 초아 궁녀에게 노래를 청했다

–절하는 사람들

약을 먹었다고
가난하다고
또 딸이라고
없애버린 생명

그 생명이 악업을 짓는가
미쳐가거나
아프거나
하는 일마다 틀어지거나
바닥으로 바닥으로 떨어지고

거짓말 한 죄
미워한 죄
질투한 죄
살생한 죄

업장소멸 업장소멸
중생은
연애로 업을 푸나
실직으로 업을 푸나
자식 낳아 업을 푸나
보시로 업을 푸나
가르치는 것으로 업을 푸나

스님은 업을 무얼로 푸나
스님은 참선으로 푸나
스님은 염불로 푸나

절하는 사람 보면
언제나 눈물이 난다

진성은 박수를 크게 쳐 주었다

위홍은 진성에게 힘을 다루고
사람을 부리는 방법도 가르쳤다
서늘한 콧날과 빛나는 검은 눈동자
풍만하면서도 날씬하고
부드러우면서도 강하고
따스하면서도 차갑고
도발적이면서도 순하고

관능적이면서도 순수한
진성의 아름다움은
봄빛처럼 환하고 맑았다

하지만 위홍은 몸이 안 좋아지고 있었다
지혜와 경륜이 많아 진성에게 큰 언덕이었고 기둥이었지만
시간이 갈수록 기력이 부족했다
위홍은 여러 모로 능력이 탁월하고
의리가 두텁고
사람을 다루는 능력도 있어
조정이나 나랏일도 훤히 알고 처분을 해
진성은 위홍에게 기대어 정사政事를 펴고 있었다
위홍은 진심으로 진성을 아껴주는 사람이었다

저 꽃 좀 보아요
오색이 아주 곱고 진한 꽃이나 저 꽃은 향기가 없지요

멀리서 그걸 어찌 아시오?

향기가 있다면 벌과 나비가 따르는 법이거늘
꽃만 있으니 향기 없는 꽃일 테지요
그렇고말고요 폐하는 사물의 이치대로 지혜를 터득하는군요
자연을 많이 공부하면 사람 사는 이치도 알게 되지요

진성은 감수성이 뛰어나고 감성이 풍부해
길에 꽃 한 송이를 봐도 눈여겨보고
눈길을 멈추곤 했다
위홍은 진성이 정이 많고 거절에 약하고
남의 말을 곧이곧대로 듣는 걸 충고해 주었다
또한 여왕이라고 얕잡아 보는 자들도 더러 있어
하부까지 제대로 왕의 뜻이 전달되지 않는 걸 염려했다
진성이 당황하고 어찌 할 바를 모를 때마다
위홍이 진성의 심기를 편안하게 해주었다
궁녀들은 그런 위홍과 진성의 모습을 늘 마주했다

평소 진성 곁에서 진성의 손발이 되어주는 궁녀들
진성은 궁녀를 아꼈다
궁녀들의 실수에 너그러웠고
아픈 궁녀들을 잘 돌봐주었다
한번 내 사람이다 싶으면 굳게 신뢰했다
초아 궁녀에게 말했다

내가 경험하지 않았다고 존재하지 않는다고 말하지 마라
매순간 느끼며 지금을 살아라
더 무뎌지기 전에
남이 살아 주지 않는 내 인생,
남의 인생을 넘겨다보듯이 그렇게는 살지 말아라
뭐든지 하고 싶은 그때 해야 되는 거야

열심히 사는 사람은 아름답다
삶은 신비롭지
우물도 퍼내면 퍼낼수록 새로운 물이 나오지만
퍼내지 않다 보면 결국 물이 마르게 되잖니
하고 싶은 걸 자꾸 만들어서 해 봐
할 줄 아는 게 없으면 게으르고 박복해 보인다
가면을 쓰고 살아가는 사람이 많은데
보이지 않는 이면을 보는 눈을 키워라
청춘에게는 모든 가능성이 열려 있다
물론 '모든 가능성' 에는,
실패의 가능성도 포함되어 있다

사뇌가를 잘 짓는 초아 궁녀에게
신국 가악의 시초가 된 도솔가라는 노래를 아느냐
유리 이사금(5년 28년)처럼
나도 모든 백성이 편안하고 복을 누려
도솔가라는 노래 지어 축하하고 싶구나

폐하, 예술을 왜 이리 장려하십니까
지금 삼대목이 시급한 것이 아니라 생각되옵니다

비록 시는 쓰지 않지만
시인보다 아름다운 마음을 가진 사람은 많다
바로 너 초아처럼 말이야

중요한 건 시를 사랑하는 심성이나 시심이란다
삼대목을 펴내려는 것은
내 친구 예인과의 약속도 있지만
세상을 보는 안목을 높이려 함이다
누구나 아름다움에 허기져 있지
먹고 사는 문제가 해결되면 그 다음은
질적인 삶, 아름다움의 풍요로움을 추구하고 싶어지지
내 왕이 되었는데 백성과 더불어
미美를 추구하는 것이 뭐가 시기상조란 말이냐

사뇌가를 잘 짓는다는 대구화상을 들라 하라
내 어릴 적 스님과는 한번 뵌 적이 있지요
사뇌가를 널리 모으도록 하시오
약속은 잘 깨지는 속성이 있어 약속을 잘 안 하나
내 예인과의 약속은 꼭 지키고 싶어요

반대하는 신하들이 여기저기 나왔다
지금 가뭄과 국고는 비어가고 힘든 상황이니
노래를 수집 편찬하는 일은 조금 미루심이 좋을 듯합니다

나는 아침에 가장 현명하다
내 여러 날 아침에 내린 결정들이다
근심 없는 궁에서 살고 싶으나
어리석은 사람은 근심이 없는 법

어서 가뭄이 끝나고 비가 내리길 기도할 뿐이다

지금부터 궁궐 안의 의식은 간소화하고 불필요한 것은 없애라

귀족들과 중신들의 연회도 없애고

궁궐의 모든 음식도 과하게 하지 마라

–나뭇잎과 물방울

물기가 다 빠져나간
나뭇잎이 힘없이 떨어져 땅바닥에 눕는다

점점 잠들어 가는 나뭇잎 위로
물방울이 똑, 똑, 떨어진다
이른 새벽
나무의 간절한 수혈!

진성 곁에서 위홍은 위로하며

운이란 게 있는 듯하오

지금 좀 막혀 있는 듯하지만

내년 아니 내달이면 달라질 거예요 그러니 힘내요

진성은 위홍의 그 한마디에

천하를 다 가진 것처럼 힘이 났다

자신을 알아주고 인정해 주고

진정으로 솔직하게 충고를 아끼지 않고
늘 힘을 주는 위홍이 살아가게 하는 힘이었다
진성에게 바람막이가 돼 주는
바위 같은 사람이 위홍이었다
든든한 버팀목이요 배경이었다

나라 안 백성들 삶은 나아지지 않고
가뭄은 더 길어지고
국고도 비어가고 궁궐 군사훈련도 힘들어지고
진골 귀족들의 음모도 늘어갔다

하루는 괴이한 일이 벌어졌다
소양리에 있는 부동석이 저절로 자리를 옮긴 것이다
이 바위에는 부동존이라는 불상이 새겨져 있었다
그 불상이 스스로 옮겨 앉은 셈이니
나라 안은 입방아를 찧어 댔다
'부처님이 망국을 경고하는 계시' 일 것이다
소문은 서라벌에 퍼지고,
진성의 귀에까지 흘러 들어가게 되었다

진성은 위홍을 불렀다
어찌된 일입니까
신에게 맡겨 주소서
위홍은 일관을 불러 부동석 이동의 점괘풀이를 명하였다

부동석이 자리를 움직인 것은
음양 법칙에 따른 자연스러운 움직임입니다

허나 진성과 위홍을 노리던 사람들은
기회가 이때다 싶어
부동석을 진성여왕으로 비유하고
양석을 위홍에다 비기며
소문을 만들어 내었다

위홍은 각간角干 벼슬로 승진,
대궐 안에 살면서 왕을 보위하게 되었다
유모이면서 숙모인 부호 부인도
늘 진성의 곁에 머물렀다

하루는 유모가 진성의 목욕을 돕고 있었다
유모 달빛이 참 곱구료
진성은 달빛을 보며 노래를 불렀다

—달의 새끼 하나 낳고 싶다

아무도 없는 밤,
늘 채웠던 단추를 풀고
화장도 지우고

잠시 달콤함에 젖는다
누구와도 소통하고 싶지 않아

옷 훌훌 벗어 던지고
물끄러미 욕조를 바라보니
달이 떠 있다
나는 욕조에 비릿한 달을 풀어놓고
비스듬히 누워
내 속에 든 모든 것까지 다 비워놓는다

그때 내 속에서 무엇인가 꿈틀거리는 느낌,

달의 새끼 하나 낳고 싶다

유모는 말했다
제가 능력이 부족하여 폐하를 보필하지 못하고 있습니다

무슨 말씀이오?

폐하가 총애하는 측근들이 마음대로 세도를 부린다는 말을 들었지요
폐하께 걱정을 드려 죄송합니다

유모, 아닙니다 모두가 제가 부족한 탓이지요

허나 왕의 측근들이 권력을 쥐고 흔든다는 소문은 안 좋아요
오비이락烏飛梨落이란 말 있으니,
늘 겸손하고 삼가는 게 좋아요

선덕여왕 때의 김춘추나 김유신 같은 인물이 있어 주었다면
지금처럼 힘들고 어렵지는 않을 것입니다
더구나 각간의 몸이 점점 안 좋아지고 있어
언제 세상을 하직할 지도 모르는 일,
무엇보다 폐하 혼자 두고 갈 생각을 하면
잠도 안 온다고 염려를 많이 한답니다

폐하는 아직 여리고 착한 사람입니다
아니, 폐하는 모든 계절과 모든 나이를 살고 있는 것 같습니다
어린 사람을 만나면 어린 나이가 되고
나이 많은 대신들을 만나면 또 그 나이가 되고
18살을 만나면 18살,
28살을 만나면 28살로 만드는 것이 폐하요,
인정도 많아서 거절도 잘 못하시는 분이니
이제부터는 거절하는 법부터 배우세요

그때였다
궁녀가 위홍이 위급하다고 전갈을 알렸다
부호 부인이 먼저 달려가고 진성은 뒤이어 달려갔다

위홍은 일어나려 했으나
진성이 그냥 눕게 하고 가까이 가 앉았다

자신의 의지대로 살아가는 법을 명심하십시오
차분하고 깊게 생각해서
자신의 의지대로 행동하십시오
소문이나 풍문 따위 두려워 마십시오
진실은 언제나 다 진실대로 보여주지는 못하는 법,
신神 말고 누가 우리를 판가름할 것입니까?
남의 말이나 남의 이목을 마음 두지 마시고
당당하게 살아가시고
자신의 행복도 가꾸며 살아가십시오

알았어요, 그러니 어서 자리를 털고 일어나셔야지요
진성은 위홍의 손을 잡았다

보위에 오른 지 일 년 내내 잠도 못 이루면서
몸이 많이 상하고 지쳐 있습니다
폐하 혼자 힘만으로 이 나라를 이끌어 가시기가 힘겨울 것입니다
887년 즉위하실 무렵 이미
신국의 기강이 무너지고 체제가 와해되어 가는 형국이었습니다
선왕이신 헌강왕 시절 일시적 태평성대를 구가했으나

그 전 이미 지방 호족 세력이 너무 성장하여
조정의 힘은 미약해지고
왕실의 권위는 땅에 떨어지는 중이었지요
누가 왕이 되었다 해도 천세를 거역할 수는 없는 법입니다

그러니 어서 건강을 되찾으셔서 신국을 바로 세우셔야지요
저는 각간을 이렇게 보내드릴 수가 없습니다
진성이 솟구치는 눈물을 참으며 고개를 떨구자
부호 부인이 손수건을 내밀어 눈물을 닦아주었다

군주란 겸손이 최고의 미덕이지만
폐하는 너무 겸손합니다
그러면 사람들에게 얕보이기 십상입니다
그러니 이젠 위엄으로 다스리소서
중대한 문제에 부닥쳤을 때는 생각해 보겠다고 하고,
여러 사람 의견을 경청해서 결정하소서
겨우 말을 마친 위홍은 조용히 숨을 거두었다

위홍은 진성왕 즉위 이듬해 888년 2월,
그렇게 진성 곁을 영영 떠났다

진성을 도와주고 힘이 되어줄 사람이 없었다
모두 출세하거나 부를 챙기려는 사람들뿐,
진정으로 나라를 위하는 사람은 드물었다

진성은 우울했다

우울은 삶의 그림자다
아무 행동도 하고 있지는 않지만 게으름뱅이는 아니다
빛나는 두 눈은 오히려 무언가에 몰두해 있다
우울 없이는 창조적 상상력도 기대할 수 없다
모든 창조는 이것에서 비롯된다
모든 노력에도 불구하고 더 이상 할 수 없기 때문에
우울에 빠져 있는 것이다
비가 와도 힘내십시오
위홍, 그대가 해 주던 말로 힘낼게요
내 지금껏 그래 왔던 것처럼
항상 내 자리에서 최선을 다할게요
하늘에서 나를 위해 늘 지켜봐 줘요
진성은 역시 강한 왕이었다 툭툭 털고 일어나
위홍을 혜성대왕으로 추시하고 더욱 정사政事에 매진했다

모든 만조백관들은 들으시오
과인은 백성을 위한 제왕으로 내 생을 걸 것이오
그러니 나를 도와 나라를 평안케 해 주기 바라오

반대파 귀족들은 이 소식을 전해 듣고
허허, 참. 혼자 뛰어봐야 벼룩이지
정치란 자고로 돈과 속임순데

여자 홀몸으로, 이 바닥에서 어쩌시려고, 쯧쯧

시골 주막에서도 호족들이 삼삼오오 모여들어
누가 왕이 되든 여기까지가 한계란 말이지
부부싸움에서 한계를 넘으면 어떻게 돼
시간을 더 준다고 해결될 문제가 아닌 겨
그래야 새로운 세상에서 살게 아닌가
우리가 세상 개벽 한번 해 보세나

진성은 생각에 잠겼다
권력은 왕인 내가 가진 게 아니라 저 진골 귀족들이나
호족들이 다 가지고 있구나
큰일이로다 이 나라 앞날이 걱정이로다
선덕이나 진덕과 나를 비교하지 마라
난 나일 뿐이다
이미 기울어가는 나라에 태어난 비운悲運의 왕이다
새장에 갇힌 새처럼
쓸 수 없는 날개를 가진 여왕이나
바닥을 쳐볼 것이다
힘차게 날아올라 볼 것이다

진성은 악몽을 꾸었다
피비린내가 진동하고 바람이 궁을 뒤덮는 꿈이었다
나는 원래 전쟁을 싫어하고

백성들의 안녕만을 소중히 생각해 온 사람이다
팔을 휘젓다가 일어나 보니
온몸에 식은땀이 흘러내리고 있었다
진성은 위홍이 없는 빈자리
가끔 우두커니가 되어 앉아 있는 시간이 늘었다
오늘밤은 안개가 사방을 다 가리는구나

너무 염려 마시옵소서
안개는 사라지는 법이옵고 다시 맑은 날이 올 것입니다
초아 궁녀는 왕을 안심시켰다

진성은 묵호자를 떠올렸다
향을 태우며 정성껏 소원을 빌면 반드시 이루어진다 했었지
묵호자가 향을 피우며 불경을 외자 병이 나았다는데
나의 불심이 부족한 탓인가
진성은 궁녀에게 향을 피우게 한 뒤 조용히 눈을 감고
오랜 가뭄과 나라의 안녕과 모든 백성의 단결과 화합을 기도했다

진성왕의 울타리였던 위홍이 죽자
여러 정치 세력들이 기다렸다는 듯,
자격과 자질 미달인 귀족 자제들이 요직을 독차지하고
특혜 채용과 자리 값을 받아 챙기는 자들도 있었다

기회가 왔다 여왕을 몰아내자
여왕에 대해 흉한 소문을 만들어
왕의 권위를 떨어뜨리고
백성의 신뢰에 금을 가게 하자
우선 음란한 여왕으로 만들자
역대 왕들은 무수한 궁녀를 두어도 음란을 말하지 않는데
어째 씨알이 잘 먹히지 않을 듯한데요
청렴하고 성실한 여왕한테 트집 잡을 건
그것밖에 없느니라
그건 왕이 예술을 사랑하고 자연을 사랑하는 성품 탓일 게요
그것도 문제긴 문제다
물고기도 너무 깨끗한 물에선 오래 살지 못하는 법,
정치란 원래 권모술수를 잘 쓰는 사람이 적격이지
아무튼 왕의 침실을 드나드는 개미 하나라도 감시해라
작은 티끌 하나라도 놓치지 말고 감시하도록 하라
돈줄 따라 사람은 움직이는 법이다
여왕은 우리보다 돈이 없질 않느냐

박씨 세력으로부터 진성은 위협을 받고 있었다
그들은 자기편 만드는데
돈과 권력을 마구 쓰기 시작했다
견물생심이라
곳간 가득한 그들에게 줄을 대려는 사람이 늘었나

진성은 혼자라는 두려움이 어둠처럼 내릴 때
부모님 무덤이나 위홍과 예인의 무덤을 찾아가곤 했다
죽은 사람이 더 행복해 보이는구나
무덤가에 오래오래 앉아 있다 오곤 했다

진성은 기존 귀족들 가운데서는 희망을 찾을 수 없었다
나는 왕 자리에 연연해하지 않는다
파벌 싸움이나 갈등보다는 협력을 통해
더 많은 것을 백성들에게 돌려주어야 한다
왕은 하늘이 내리는 것이다
위홍의 빈자리를 최치원이 대신케 하리라
최치원을 모셔오도록 하라

'무릇 바른 것을 지키고 떳떳함을 행하는 것을 도道라 하고,
위험한 때를 당해서 변통하는 것을 권이라 한다
지혜로운 사람은 때에 순응해 성공하지만
어리석은 자는 이치를 거슬러 패하는 법이다'
이렇게 시작한 글은
'온 천하 사람들이 너를 드러내놓고 죽이려 할 뿐 아니라,
지하의 귀신들까지 너를 죽이려 이미 의논했을 것이다'
겁을 주기도 하고
'나는 한 장의 글을 남겨서 너의 거꾸로 매달린 위급함을 풀어주려는 것이니,
너는 미련한 짓을 하지 말고 일찍 기회를 보아 좋은 방책을

세워 잘못을 고치도록 해라'

회유하기도 하는 글, 「토황소격문」

고운, 그대가 회남 절도사 고변의 추천으로 관역순관에 올랐을 무렵

소금장수였던 황소가 장안을 점령하고 스스로 황제를 칭하자,

이를 토벌하러 나가는 고변이 그대를 종사관으로 발탁했을 때 썼다지요

황소가 읽다가 너무 놀라서 침상 아래로 굴러 떨어졌다는

그 유명한 일화, 잘 기억하고 있어요 놀랍습니다!

폐하, 황공합니다

당시 '황소를 격퇴한 것은 칼이 아니라 최치원의 글이다.'

이야기가 떠돌았을 정도로, 그대의 글 솜씨는 당나라 전체를 뒤흔들었죠

황소의 난이 진압된 뒤 황제는 그대에게

자금어대를 하사했지요

진성이 말을 마치고 최치원을 찬찬히 살펴보니

상대방을 능히 제압할 만한 눈빛은 독수리처럼 날카롭고

몸에서는 고상하고 위엄 있는 기품이 강하게 흘렀다

여왕이라 얕보는 귀족들과 관리들이 있어

정사政事가 힘들어질 때가 한두 번이 아니오
나는 신국을 바로 세워 보고 싶소
나라 기강을 바로 세우려면 인재가 많아야 하오
허나 과인은 아무리 사람이 없다한들
비리와 부패와 연루된 사람들과는 손잡지 않을 것이오
그대가 나를 좀 도와주시오
나 혼자 꿈을 꾸면 그건 한갓 꿈이나
함께 꿈을 꾸면 새로운 현실의 시작이 될 것이오

폐하, 저 역시 6두품의 한계에 발목 잡혀 있어
폐하를 보필하는데 적격하지가 못합니다
하오나 미진한 힘 닿는 데까지 폐하를 보필하겠습니다

고맙소 과인은 이 나라를 개혁하려는데
그대의 고견을 듣고 싶소

진성은 열 살쯤 위인 고운의
진실해 보이는 인품에 마음을 다잡으며 말했다

고운도 진성의 어진 마음씨와 덕망이 깊음을 알고
진성의 겸손함과 솔직함에 감복하여 진심으로 돕고자 했다
그리고 기울어가는 신라를 다시 세워보고 싶었다
고운은 다섯 가지 개혁안을 말했다

16년 당 생활을 마치고 고국에 돌아온 뒤
제가 3년 고국 생활하며 느낀 바를 말씀올립니다
우선 녹읍을 폐지하고
귀족들의 사치 풍조를 근절해야 합니다
노동력이나 지세를 마음대로 걷을 수 있는 녹읍은
백성들의 삶을 피폐케 하고
귀족의 권력은 커지고 왕권을 약화시키는 제도입니다
백성을 구제하는 길은 녹읍의 폐지가 첩경입니다

또한 골품제는 이 나라의 악습입니다
늘 인재난에 시달리고 있어도
실력이 뛰어나도 벽에 막혀 뜻을 펼칠 수가 없습니다

폐하, 왕이 쉽게 바뀌고, 피살되기도 했습니다
반란을 일으켜 왕이 되고,
누구나 힘과 병력만 있으면 왕위를 노리니
서로 물고 싸우는 세상이 됐습니다
서둘러 왕권을 강화하여 왕위 계승 전통을 바로 세워야 합니다

무엇보다 지방 통제 강화책이 시급합니다
왕권의 약화는 지방 호족들의 통제 약화를 초래합니다
지방으로부터 세금을 걷어 나랏일을 봐야 할
중앙정부는 그 능력을 잃고 있습니다

지방 관리감독을 강화하여

조정의 권위를 확고히 함이 국난을 방지하는 길입니다

마지막으로 부정부패가 만연하고,

인간의 도리가 땅에 떨어지는 상황에서

인仁을 확립하는 것은 국가 발전의 근본입니다

인과 의, 덕을 함양하는 교육기관의 확립이 필요합니다

진성은 크게 기뻐하였다

이번 최치원 중용 인사 소식을 들은 박씨계 귀족들은

최치원 세력이 새로 형성될까 우려했다

최치원을 없애버립시다

그럽시다 자객을 보내 신속하고 은밀히 행하면 됩니다

그건 아니 되오

고운이 워낙 성품과 명성, 학문과 시가 높은데

함부로 하다간 외려 더 큰 해가 우리에게 옵니다

여왕을 제거하려면 그의 오른팔부터 제거하는 것이 우선이지요

그럼 사고사로 위장할까요

최치원은 산을 자주 오른다고 합니다 실족사로 할까요?

그건 아니 될 일이오

최치원을 외직으로 내려 보내야 합니다

우리가 그렇게 하지 않아도 그가 스스로 외직을 자청할 겁

니다
조금만 더 두고 봅시다
왕도 제풀에 꺾여 포기할 것입니다
우리 진골 귀족들이 있는 한 개혁은 공염불이오
왕의 실패한 개혁이라… 하하하

가뭄이 깊어 백성들 고난이 큼을 안 진성은
탈해왕(이사금) 19년(75년), 큰 가뭄 때 백성들이 굶주리자
구휼미로 구제한 적이 있습니다
이번에도 그렇게 합시다
폐하, 지금 여분이 없습니다
그게 대체 무슨 말이오
국고가 바닥나 버렸습니다
통촉하여 주시옵소서

어찌 관리했기에…
귀족들 곳간은 넘쳐 난다고 들었는데 어찌된 일이오
백성을 위해 많은 일을 하려면
우선 재정이 뒷받침되어야 하는데
이를 어쩌면 좋겠소

폐하, 시중 아룁니다
세금 때문에 권력을 잃은 경우가 허다히 있습니다
백성들은 뭔가를 해 주겠다면 마다하지 않지만

자신이 세금을 더 내는 것에는 강한 거부반응을 보입니다

지금 백성들은 오랜 가뭄으로 고통에 허덕이는 중이온데
이를 어찌하면 좋겠습니까

폐하, 1년간 면세는 큰 은혜를 베푸신 것이오니
다시 세금을 거둬야 합니다

시중, 정녕 그리 할 수밖에 없나요?

병부령 아룁니다
세금 없이 백성에게 아무것도 줄 수 없지만
시달리며 사는 백성에게 세금 고통을 줘서도 안 됩니다

고운이 거들고 나섰다
지금 농민들은 이중 과세에 허덕입니다
나라 세금과 토지 주인에게 소작료를 내고 있습니다
대토지를 소유한 귀족들이 고통을 나눠야 합니다
토지 보유세를 받아 국고를 충당하심이 어떠실지요
대토지를 소유한 귀족이나 고급 관리들은
점점 토지를 가지고 있는 것이 부담이 되어 토지를 내놓고,
그러면 토지 가격이 내려가고 소작농이던 농민도
자작농이 될 수 있는 기회가 될 것입니다
자작농이 늘어나면 나라에만 세금을 내면 되니

농민들 세 부담이 그만큼 줄어들 것입니다

상재상 아룁니다 아니 되옵니다
나라 밖에서 돌아온 지 얼마 안 되어
나라 현실을 잘 모르고 하는 말입니다
대토지 소유자들은 차라리 보유세를 내더라도
토지를 내놓지 않을 것입니다
그러면 외려 그나마 토지를 조금 가진 자작농들만
없던 보유세를 내게 되고 자작농이 등을 돌릴 것입니다
저들은 자작농들의 민심마저 가져가려 수를 쓸 것입니다

상대등 아룁니다
폐하, 다른 방도가 없습니다
모든 백성들에게 면제해 준 세금을 다시 거둬들여
국정이 수월하게 돌아가야 함이 시급하다 생각합니다

그래요 상대등, 우선 세금을 거둬 급한 데부터 쓰고
차차 녹읍과 같은 세금과 토지 개혁안도 마련하시오

4. 달밤

진성은 심란할 때마다
정치에 환멸을 느낄 때마다
사람에 부대낄 때마다
절을 찾았다
부처가 말하길
모든 괴로움은 집착에서 나온다 했다
집착을 끊으면 괴로움이 사라지고
괴로움이 사라지면 해탈이라 했다
진성은 세상 살기가 만만하지 않을 때마다
자신이 바꿀 수 있는 일에 한계를 느낄 때마다
부처를 생각했다
다 가진 왕자로
다 내려놓고 출가를 한 부처를 생각하면
진성의 마음도 편안해졌다
지혜, 총명, 업장소멸…
중얼거리며 탑돌이를 하거나
부처에게 절을 하며 집착을 내려놓으려 했다
사람이 하는 일과 심사에 마음 쓰지 않기로 했다
비구가 도량으로 막 들어서며 노래하고 있었다

—부처바위

절을 오르다가
일주문 지나
암벽 바위에 새겨진 부처상을 보다가

날 좀 가만히 놔둬
불행은
그냥 놔둘 줄 모르는 데서 온다

저 잘생긴 바위가 저 나무가
그대로 부처인데
누군가 집착했구나

절에서 독경소리 듣다가
새기는 마음도 부처라고
바람이 목어를 치고 지나간다

진성은 합장을 하고 절 마당을 거닐다가
문득 남편 복 없고 자식 복 없는 사람이
머리 깎을 팔자라는,
시간밥 먹는 스님들이나
자신이나 매한가지라고 여기다가

절도 또 다른 속세일 뿐이라고 여기다가
슬쩍 시주를 하기도 했다

또 어느 날인가
도량 근처에서 비구니 스님을 만났다
모자를 쓰고 들어올 때
참 곱고 예뻤는데
모자를 벗으니 안 예뻤다
불가佛家에서는 머리카락은 번뇌를 상징하는 것이니
인간은, 여자는
번뇌가 있어야 예쁘다는 부처 말씀 같아서
북극 여우가 한겨울이 되면
누런 털을 벗어버리고 새하얀 털로 빛나듯이
진성은 숱 많은 검은 머리카락을 만져보곤 했다

화랑들의 제천의식인 낭천제가 한창인데
진성은 두통이 왔다
잠깐 자리에서 벗어나 시원한 공기를 마시는데
뒤란에서 두런두런 화랑 무리가 놀이를 하고 있었다
진성은 문득 귀남이 그리워졌다

열정적 사랑은 틀에 박힌 일상생활과는 다르다
어떤 급박함이다
감정이 강렬해 통상적 책무를 무시한다

열정적 사랑은 종교적이다
진지한 매혹의 속성을 가진다
세상 모든 것들이 갑자기 새로워지고
자기의 이익이나 관심사는 망각하고
사랑하는 대상에 강력히 묶여
음식 먹을 때도
좋은 풍경을 봐도 생각나게 한다
열정적 사랑은 인간관계라는 면에서 파괴적이다
극단적 선택마저도 기꺼이 받아들인다

밤이 깊어갔다
진성은 노래를 부르며 밤을 보내고 있었다

–미친 꿈

마음속 문 꼭꼭 잠그고
무디어지기도 전에 날을 세우고
발 동동 구르며 그렇게 살아가다가도
누군가에게만큼은
살짝 문 열어두고 싶다
날카로운 날을 접어두고
그에게 나를 던지고 싶다
무디어질수록 더 부드러워지는 날들

그런 날이면
날씨가 흐리거나 바람이 불어도
상관하지 않겠다 아니 바람이 강하게 불었음 싶다
강한 바람에 나를 얽어매던 관습을 날려 보내고
보다 자유로워진 내 안에 그를 받아들이고 싶다
그와 함께 아무것도 하지 않고
아무 생각도 하지 않고
텅 빈 하루를 지내고 싶다

진성의 눈 속 귀남을 넣어도 아프지 않았다
귀남이 한 여자로 불러줄 때 느낌이 어떨까
너만을 인정한다 있는 그대로를 인정한다
사랑은 이성의 약속은 아니다 감정의 약속이다
진성은 괜히 웃음이 나왔다
참 오랜만에 하늘을 올려다보았다

진성은 불교예술품을 보러 불국사나 다보탑 분황사 석탑에
자주 행차를 했다
지난 복회에서 만나 그림에 대해 나누었던 국선이
여왕의 얼굴을 그린 그림을 가지고 찾아오자
여왕은 그를 반갑게 맞아주었다

경은 궁술뿐 아니라 그림에 대해 조예가 깊은가 보오
아니 그림 솜씨도 보통이 아니구료

내 얼굴에 좀 그늘이 보이게 그렸네요

국선은 진성의 관찰력에 적이 놀랐다
처음엔 누구나 왕의 밝고 환한 얼굴을 보고 눈부셔 하나
가만히 곁에서 뵈면
왕의 얼굴에 그늘이 있음을 알게 되지요

과인은 그림에 대해 잘 모르나
그림이 아름다운 것보다는 참된 것이 더 중요하다고 생각하오
시문도 그림도 진리나 진실이 보이는 것이 좋아요
자신의 세상에 대한 해석이나 정신도 중요하지만
저 초상화를 보오
곰보며 검버섯이며 추한 주름까지 그대로 드러내지 않았소
그저 예쁘기만 한 것은 장식품이지 예술품은 아닌 듯싶소
국선은 왕의 혜안에 놀랐다

진성은 육신의 아름다움은 찰나라는 걸 알았다
진성은 내면을 가꾸는 데 게을리 하지 않았다
풍문을 지어 퍼뜨리는 요망한 것들이 판을 쳤지만
진성은 자꾸 자신을 다스렸다
이런 풍문조차도 자신이 부족해 나오는 소치라 여겼다
뒤를 캐어 구설로 사는 자도 있었다
최선의 방법은 더욱 강해지는 것뿐이었다

추문에 시달리며 크게 상심하는 건 진성이 아니었다

그대가 세상을 사는 데 마음 두고 사는 게 뭔가

거짓말을 하지 않고 살고자 하는 마음과
다른 이에게 신세지며 살고 싶지 않은 마음과
진심입니다

그럼 정치란 무엇이라 생각하는가

들은 것을 말씀드리면
공자는 '정자정야政者正也' 라고 했고,
'가까운 자가 기뻐하고
먼 데 있는 자가 찾아오는 것(近者說 遠者來)' 이라 했지요
'진실로 제 몸을 바르게 하면 정사를 베푸는 것이 무엇이 어려우며,
제 몸을 바르게 못하면 백성을 어찌 바르게 할 수 있으리오' 했지요
논어論語에는 호랑이한테 당하는 변보다
폭정이 더 무서워 나라를 버리는 백성의 얘기도 나옵니다

그 모두가 구구절절이 옳은 말들이요
허나 공자가 살았던 춘추시대의 이야기요
지금 우리에게 맞는 방책은 무엇이겠는가

불의에 짓밟히면서도 호소할 데 없는 사람들,
가난이 제 탓만이 아닌 사람들,
제 짐에 눌려 신음하는 사람들,
감옥에 갇힌 자와
소외되고 뿌리 뽑힌 백성들의 눈에서 눈물 닦아주고,
인간이 인간으로서의 품위를 가지고 인간답게
살게 하는 것 아닌지요
백성의 피와 땀과 눈물로 그나마 나라가 유지되는 것이지요
귀족들은 차려놓은 밥상에 숟갈 들고 대들기 바쁘고
서로 권력을 잡아야 한다고 싸워대지요

과인은 이렇게 생각한다오
서로 상충하는 목소리를
백성을 위한 이름으로 조정해 내는 것이지
왕은 그것에 반反하거나 지나칠 때 그것은
안 된다고 당당히 말할 수 있어야 하겠지
날아오는 돌을 맞으면서도,
그 돌에 맞아 피를 철철 흘리면서도,
가야 하는 길은
그 길이 아니라고 외치고 설득할 수 있어야 하지
돌 맞는 건 두렵지 않지만
걸림돌이 되고 있거나 사통만 깨고 있는 것들이 고민이오
태어날 때부터 신분이 정해지는 골품제도…

진성은 사람을 볼 때 눈빛을 보고 목소리를 본다
눈빛이나 목소리는 살아온 걸 숨길 수가 없기 때문이다
게다가 진성은 정신적인 면과 느낌을 중시했다
마음이 먼저 가고 몸이 따라 가 머무는 곳에 진실이 있었다
진성은 오가는 대화 속에 신뢰가 생겼다

나는 그대 국선과 끝까지 함께하고 싶소
나는 그대와 같은 진실한 사람이 보필해 주길 원하오
폐하, 황공하옵니다 충심을 다해 보필할 것입니다

진성은 좋은 사람을 만나 좋은 대화를 나누면 행복해졌다
국선이 물러난 뒤 진성은 창을 바라보며 노래했다

–달밤

마음이
큰 길을 건너
어둠 속을 걸어가는
두 사람

밤이슬을 툭툭 걷어차는
발 앞에

굴러가는 작은 돌들의 꿈

밤이 깊어
풀벌레 울음소리 칭얼거리며
커다란 달을 쫓아가고 있다

5. 저수지와 나무

888년 궁궐 앞 큰길가에
벽자보가 붙었다

南無亡國 刹尼那帝 判尼判尼蘇判尼 于于三阿干 鳧伊娑婆訶
남무망국 찰니나제 판니판니소판니 우우삼아간 부이사바하

그래, 그 격문의 내용이 뭐라 하느냐

폐하, 원체 불경스런 말들이라……

시중은 개의치 말고 말해보시오

'찰니나제' 는 폐하를 가리키며
'판니판니소판니' 는 소판인 위홍을 일컫는 말이고
'우우삼아간' 은 아간의 벼슬을 가진 총신들을 일컫는 말이며
'부이 사바하' 에서 '부이' 는 부호 부인을 일컫는다 합니다

허면 과인과 위홍을 비롯한 부호 부인과 총신들이 나라를 망하게 한다?
진성의 얼굴이 어두워졌다

폐하, 반드시 색출해서 일벌백계해야 할 것입니다

격문을 붙인 범인으로 은자隱者 왕거인이 지목되었고,
그는 체포되어 옥에 갇힌 몸이 되었다
왕거인은 옥중에서 자기의 억울함을 시로써 호소했다

충신의 피눈물이 애를 태울 듯하나
역적의 권세는 여름에 서리를 내리게 한다
아! 내가 지금 억울하게 죽어 가는데
황천은 무심하게 돌아보지 않는구나

간공이 통곡하니 3년 동안 한재旱災가 들고,
추연이 비분을 머금으니 5월에 서리가 왔다
나의 유원한 우수는 고사와 다름이 없는데 황천은
말이 없이 다만 창창할 뿐이로다

그날 밤 갑자기 천둥이 울고 벼락이 옥문을 부수자
왕은 왕거인을 풀어주고 데려오게 했다

그 천둥소리 속에는
악인이 누구인가
무엇이 죄인가
환청이 들리는 듯했다

음모 속에 사는 것이라지만
무심하게 연못에 조약돌을 던지면
그 돌이 새신랑 개구리를 성불구자로 만들 수도 있다
기러기를 죽일 수도 있다
신부 개구리의 눈을 멀게 할 수도 있다

말 한마디가 남의 가슴에 대못을 박을 수 있고
혀 때문에 자신이 죽을 수도 있다
혀는 가장 귀하고 가장 천한 것이기도 하나
사람은 혀 때문에 죽는다
칼에 찔린 상처는 쉽게 나아도
말(言)에 찔린 상처는 낫기가 어렵다
곰은 쓸개 때문에 죽고 사람은 혀 때문에 죽는다

너는 어찌 나를 비난하는가?
내 왕위 올라 삼대목을 편찬하고
화합을 위해 죄수를 풀어주고
최치원 같은 젊은 인재를 등용하고
어려운 백성을 살피어 일 년간 면세를 해 주었거늘
어떤 이유로 벽서를 붙여 심기를 불편하게 하는가?

여왕의 즉위는 부당합니다
선대 헌안왕은 두 딸만 있어 사위인 응렴에게

왕위를 잇게 했습니다 여자로 왕위에 오름은 부당하지만
아직 헌강왕의 아들 요가 어리므로,
측근들이라도 멀리 내몰아야 합니다

과인은 왕거인의 심정을 아느니라
왕거인은 당나라에서 공부를 하고 온 문인이지만
육두품으로 중앙 조정에서 일할 수 없는 현실에
절망하고 은거하고 있다 들었다
죄를 짓는 사람,
대체로 이유가 있다
불쌍한 사람들이다
신중하게 하여 억울한 백성이 없도록 하라
또한 모두 들으시오

지금 백성들의 가난이 가뭄보다도
관리들의 부패와 잘못된 제도 때문이라면
내 뜯어 고치도록 하겠소
누구는 대낮에도 등불을 가지고 다녔다고 하는데,
현자를 찾기 힘들어 그랬다고 들었소
우리에게 희망이 무엇인가
백성들이 걱정 없이 먹고 사는 데 있는 게 아니오?
그대들은 어서 가뭄 대책과 조세 대책을 마련하시오

진성은 여러 측근들을 모아놓고 말하였다

나의 오빠 정강왕이 나를 후계로 삼은 것은
위기 타개를 위한 승부수였는지 모르오
선덕이나 진덕 선대 두 여왕이 위기의 신국을 구해냈듯
위업을 이루어 달라는 기대였는지
그런 오빠 정강왕의 믿음에 보답하려 즉위하고
제대로 일하고 제대로 왕의 자리를 지키려 노력했소
허나 귀족들의 비리와 부패는 국고를 비게 만들고
지방 호족들의 세력만 키우는 꼴이 되고
세상을 바꿔나갈 돈이 부족한 상태에서
신분제까지 발목을 잡아 함께 일할 사람이 적으니
장차 어찌하면 좋겠소?

고운이 한 발 나서며 말했다
헌강왕이 후계자를 정하지 못한 상태에서 붕어하시고
정강왕마저 병상에 누워 정사를 챙기지 못하는 바람에
지방에 대한 신라 조정의 통제력은 점차 마비되는 상황에서
왕께서 등극하신 것이지요
화합과 왕권 강화를 위해 노력하셨지만 더 강력한
처방이 필요합니다
경문왕과 헌강왕의 국학에 대한 관심은 왕권강화에 이바지하고
6두품 지식층이 유학과 한문학을 한 차원 높게 발전시켰지만
6두품 계층은 골품의 벽에 반발하여 점차 반조정적 태도를 취하고
불교에서도 교종의 전통적 권위에 도전하는 선종이 대두하였

으며

지금 풍수지리설이 만연하고 있습니다

거타지는 진성에게 친위 쿠데타를 해야 한다고 주장했다

법흥왕 대에 이차돈의 순교가 있었지요

하루는 신하들 앞에서 법흥왕이

'나는 불교에 마음을 두고 있는데 누가 함께 일을 할까?'

그때 나섰던 인물이 미관말직에 있던 스물두 살의 이차돈이었지요

법흥왕의 불교 공인을 귀족들이 반대하자

이차돈은 희생을 자처하면서 불교 수용을 도왔지요

고구려가 372년, 백제가 384년 불교를 공인했는데

신국에서는 150년 늦은 527년 공인하게 된 것이죠

목을 베었을 때 이차돈 목에서 흰 피가 솟구쳤지요

불교 공인은 물론 왕권 강화도 이루었지요

진성은 고개를 저었다

그것은 내가 바라는 바가 아니오

피를 보는 일은 반대하오

상대등은 조세를 더 거둬들여 국고를 채워야 한다 했다

최치원은 농민들이 세금 내는 것이 버거우니

가진 자들이 세금을 더 내게 해야 한다고 주장했다

고승은 말없이 신라의 운세를 읽고 있었다

준홍은 지독한 가뭄이 더 백성들을 굶주리게 하고
그것이 다 왕의 덕 없음으로 몰아가고 있다 했다

진성이 말했다
실패는 날 더 강하게 만들지요
실패를 통해서 성장하고 배우게 되니까요
다만 균형을 유지하는 능력이 부족했던 것뿐,

어느 해 봄 포석정에서 여러 낭도와 효종랑 화랑이
꽃놀이를 즐기고 있었다
낭도 하나가 오는 길에 애처로운 일을 보았다며
효종랑에게 효녀 지은의 이야기를 전했다

한편 지은은 부잣집에서 허드렛일을 마치고
집 아궁이에 앉아 노래를 불렀다

–아궁이

그을음 많은 부뚜막 아궁이에 앉아
생솔가지 꺾어 넣으면 매캐한 연기들
눈이 너무 매워서
눈물을 흘려주어야 눈을 뜰 수 있는 날들

불을 지피고 싶어서
잠을 자고 싶어서
밥을 먹고 싶어서
자꾸 생솔가지를 꺾어 넣을 수밖에 없는 날들

집이 밖보다 더 춥다고 누구에게도 말할 수 없고
혼자서 숨어서 울고
시원해지다가 다시 독해지다가 다시 서러워지다가
정직한 몸으로 표현하는 눈동자

지은 어머니가 어둔 마루에서 울고 있었다
아침에 일을 나가면서 어머니 아침상을 드리고
잠깐 들러 점심상을 차려드렸지만 드시지 않았다
어머니와 함께 사는 것만으로도 행복한데
딸 고생하는 게 가엽다 울고 있는 어머니
지은은 참았던 눈물을 쏟았다

아가, 울지 마라 내가 잘못했다
이 어미를 용서해다오, 아가

어머니를 바로 모시지 못한 절 용서해주세요
어머니는 지은을 안고 울었다
가난은 사람을 사람 노릇 못하게 하고
자꾸 주눅 들거나 위축되게 만들어요

가난해서 가정이 파괴된 사람들
가난해서 결혼할 수도 없는 사람들
가난해서 아기를 낳을 수도 없는 사람들
사랑해서 몸을 파는 딸들
배고파서 귀신을 보는 사람도 있지요
꿈 없는 새들은 사람이 주는 먹이를 주워 먹고 살지만
어머니, 저는 꿈을 꿉니다 달을 보며 꿈을 꿉니다
하지만 달도 작아지고 있어요

달을 바라보며 지은은 다시 노래를 불렀다

–한가위

봉창까지 구경 나온 환한 달을 본다
가만히 보면 몽당 빗자루로 앙상하게 부서져 있던 내 꿈이
달 속에 담겨 있다 오늘 같은 밤에 빌어보는 소원은
꼭 이루어질 것만 같아 달무리 진 얼굴 허공에 띄워본다

눈 먼 어머니 눈물에 콧등이 뜨거워진다
천장에서는 쥐들도 귀경을 하려는지 이리저리 분주하고
이웃집 소 가끔씩 한숨 섞인 되새김질소리 들려온다

저 달빛은 찬서리 내리기 전 나뭇가지 위에서 햇과일로 남아

있던

열매들의 환한 웃음 같은 것

지금 내 안의 이 출렁거림도 얼마나 더 아픈 빛으로 부서져야 잔잔해질까

달이 중천에서 홀로 춥다

어느 날 진성은 화랑들의 비재에 참석했다
마침 효종랑의 아버지가 거기 와 있었다
인품이 고매하고 학덕이 높은 효종랑 아버지는
효녀 지은이의 이야기를 진성에게 전했다
진성은 효녀 지은을 도우러 나선 효종랑과 낭도들을 치하하며
인재 하나를 얻는 느낌이 왔다
효종랑에게 헌강왕의 딸을 소개시켜 주어야겠다고 생각했다
곡식과 옷감을 내놓은 효종랑 아버지에게도 고마움을 표했다
세상의 가장 큰 근본은 효행이다
진성은 효녀 지은에게 집 한 채와 쌀 5백 섬을 하사하고
군사 둘을 주어 지은의 집 주변을 도둑으로부터 지키게 하며
지은이 사는 마을을 효양방이라 부르게 했다
효도상도 내려 백성들에게 효의 모범이 되도록 했다

하루는 진성이 베푼 연회에 흥을 돋우기 위해
주령구 놀이를 하도록 했다
주령구는 육각형이 8면, 장사각형이 6면인 14면체로

참나무로 만들어진 놀이기구다
각 면에는 어떤 행동을 지시하는 글이 새겨져 있다

술 석 잔 한 번에 마시기,
더러운 것을 버리지 않기,
시 한 수 읊기,
소리 없이 춤추기,
팔뚝을 구부린 채 다 마시기,
여러 사람이 코 때리기,
스스로 괴래만을 부르기,
덤벼드는 사람이 있어도 가만히 있기,
얼굴을 간질여도 꼼짝 않기,
술, 두 잔이면 쏟아버리기,
술을 다 마시고 크게 웃기,
누구에게나 마음대로 노래를 정하기,
스스로 노래 부르고 스스로 마시기,
월경 한 곡 부르기,

젊은 화랑도들이 노는 모습을
바라보던 진성은 곁에 있던 거타지를 보며

우리 신라 사람은 생활이 유쾌하고 여유가 있으며
누구를 원망하거나 질투하는 마음이란 없지 않은가
사뇌가를 보면 아름다운 정신을 읽을 수 있더군

석굴암에서 만날 수 있는 우아한 정신의 경지 같은

폐하, 사뇌가에 좋은 예가 있습니다
월명대사가 지은 혜성가慧星歌 같은 걸 보면
화랑들이 풍악을 구경 가려던 차
혜성이 떠돌고 해서 못가고 물러났는데
적이 왔다가 혜성 때문에 가 버렸다는 이야기가 있지요
남을 원망하거나 미워한 마음이 없고 관대하고 이해력이 많지요
명랑한 기질은 화랑에게서만 찾을 수 있는 기질이지요

거타지여, 화랑이나 낭도들은
자기완성을 위해 심신단련을 하고
강과 산을 방랑하기를 좋아하고 노래와 시를 즐겨 생활하니
무사이면서도 낭만적인 예술지상주의자들 아니던가
자유로운 영혼들
자유를 포기하곤 살 수 없는 사람들 아니던가

우리 신라 사회는 여성이 남성보다 더 활발하고 담대합니다
화랑이란 것도 처음엔 여성 화랑들이 중심이 되어
화랑정신을 고취하고 남자들을 이끌었지요
김유신 어머니 만명은 왕실의 딸로
서현舒玄이라는 남자와 길에서 눈 맞아 혼인했죠
정서情緖를 잃지 않은 시문詩文도 씩씩하고 활발했지요

허나 김서현은 가야 왕족의 후손으로 가문을 지속시키기 위해
진흥왕의 동생이자 갈문왕이었던 숙흘종의 딸 만명과 결혼한
것이지요
그대는 신라 최고의 명궁답게 호랑이도 서너 마리 잡았다죠?

폐하가 그걸 어찌 아십니까?
궁녀들은 모르는 게 없는 법이라오
거타지는 왕거인의 일을 처리하는 진성의 포용력과
진성의 똑똑하고 상냥한 모습에 감화를 받았다

어느 가을 진성은 거타지와 사냥을 나갔다
거타지는 나무둥지에서 새알 하나를 꺼내 진성에게 주었다
호기심 많은 진성은 새알을 들여다보다가
새는 알에서 나오려고 싸운답니다
태어나려고 하는 자는
하나의 세계를 깨뜨려야 하는 거지요
자연 속에 있으니 참 좋습니다
음식을 장만해왔으니 어서 먹읍시다
진성은 음식 보자기를 풀었다
음식 보시를 잘하는 사람은 얼굴이 예쁘게 태어난다던데
진성의 웃는 얼굴이 환하여
거타지는 눈을 감으며
폐하, 전 제 전생을 알 것 같아요 다음 생도 걱정이 됩니다

진성은 거타지 얼굴을 보며 한참 웃더니
그만 하면 잘 생긴 거라며 그대 덕에 웃어본다 했다
거타지는 왕을 웃게 만드는 시간이 행복했다
왕의 얼굴에서 자꾸 미소가 없어지는 것이 안타까웠다
그때 마침 새가 날아갔다

흥덕대왕 때 당나라 사신으로 갔다가
앵무새 한 쌍을 가지고 왔는데
암컷이 죽자 외로운 수컷이 구슬프게 울었죠
왕이 그 앞에다 거울을 달아주게 했지요
앵무새는 거울 속에 비친 모습을 자기 짝으로 여겨
거울을 쪼다가 자기 모습인 줄 알고 울다 죽었다죠
왕이 이를 노래로 지었다는데……
진성은 구름을 물끄러미 바라보았다

하늘도 참 무심하십니다
비 한 방울 내리지 않고
오랜 가뭄엔 누구라도 맥을 못 쓰는 법이거늘,
진성은 그만 귀궁해야 한다고 했다

하루 한 끼만 먹으면서
소박하고 조용한 삶을 사는 부처의 제자들이
왜 그렇게 밝은 모습인지 아십니까?
그들은 과거를 후회하지 않으며

미래에 대해 걱정하지도 않습니다
그들은 현재에 살고 있지요
폐하는 지금 여기 나와선
마치 다른 곳에 살고 계신 것 같습니다
이 순간은 과거도 미래도 살지 않습니다
폐하는 늘 시간에 매어 살고 계시질 않습니까?
그러자 진성은 노래했다

–저수지와 나무

나는 저수지
가둬놓은 물도 내적으로 생명의 약동이 있어
스스로 파문을 일으킨다
파문은 곧 그리움의 무늬다
파문은 삶이 만들어 내는 균열이다 상처다 배반이다 질문이다

날마다 실패하고 날마다 더러워지고 날마다 출렁거리는 것은
내 삶의 오작동 때문이다
진실은 바로 오작동 안에 있다
오작동은 절절함을 낳고 치열하고
독해지는 나를 낳는다

누구는 성군으로 살라 하고

누구는 한 사람으로 살라 하나
나는 백성과 함께 내 삶을 밀고 나간다
나는 사랑으로, 온몸으로 밀고 나간다
절절함이 나의 힘이다 결핍이 나의 열정의 힘이다
자연이 나의 벗이다
내 자연은 필연성이 있는 어떤 곳이다
삶의 자연을 사랑한다

나무가 저수지 안을 오래 들여다본다
나무의 그림자를 안고 사는 저수지

저수지는 종종 꽃을 피운다
꽃 한번 피우려고 스스로 강해지는 것이다
저수지는 돌을 던지고 가는 이에게도 애정을 갖는다
돌이 가 닿는 곳에 꽃이 핀다
누군가 저수지에 와서 신발을 벗어두고
뛰어드는 불행을 겪기도 한다
그때도 저수지에 꽃이 핀다
그 꽃은 순간이다
저수지는 좀처럼 자기의 속내를 드러내지 않는다
고요한 저수지 바닥에는 무거운 돌이 쟁여져 있다

저수지는 처절하게 고독한 갈대를 배후에 두고 산다
저수지는 갈대의 서걱거리는 노래를 사랑한다

갈대를 뒤흔드는 바람을 기다린다
저수지는 물고기가 태어나는 거대한 자궁이 있다

저수지는 한 풍경을 만들고 한 세계를 창조해낸다
저수지는 나무의 가치를 바꾸는 역할을 한다
나무는 저수지에 떠오르는 감동과
충격의 파문이 오래오래 출렁이길 바라고,

6. 완두콩, 기울다

뭐라고, 나를 음란한 여왕이라 한다고?
저들이 내 잠자리를 엿보기라도 했단 말이냐?
사랑에는 계급도 없고 지위의 높낮음도 없는 법,
선대의 여왕들은 모두 남편 있어도 말이 없었거늘,
내가 그냥 얌전히 있다 늙어 죽어야 한단 말이 아니더냐

경박한 저잣거리의 말들은 무시하십시오
원래 말이란 것이 자꾸 덧붙여지고 풍선처럼 부풀다가
바람 따라 여기저기 휩쓸려 다니다가 터져버리는 것이지요

부호 부인, 난 괜찮습니다
나는 개의치 않습니다
왜냐하면 나는 왕이니까요
왕이 무엇을 못한다면 왕이 아니지요

진성은 세상 소문에도 의연했다
당당한 그 태도는 평소 오래 흠모해오던
최치원과 교감을 나누며 얻은 내면의 힘에서 나왔다
최치원의 「객지에서」라는 시를 읊으며 진성은 마음을 신성했다

—객지에서

너 부디 이익 길엔 생각을 끊고
부모 주신 귀한 몸 상치 말아라
어쩌다 진주를 캐는 저 사람
목숨 걸고 바다 밑을 들어가는고
몸의 영화 티끌에 더럽기 쉽고
마음 때는 물로도 씻기 어렵네
누구랑 담담한 맛 의논하리오
사람들은 달게 취함을 즐기네

하루는 진성과 고운이 함께 산사를 갔다
배롱나무 옆 고목에 기생하는 능소화가
여름하늘에 걸린 모습 앞에 멈췄다

능소화를 보는 즐거움은 선에서 깨닫는 선열禪悅과 같지요
시를 쓰려면 고독해야 합니다 창작엔 고독이 필요한 법이지요
자유로운 영혼을 가져야 합니다
시인도 그렇지만 지도자는 철학이 있어야 합니다
저는 늘 고독합니다

시인이 고독한 것은 사회가 하행한다는 거라는데
그대가 고독하다면 신라 사회가 하행한다는 증거군요
아무튼 난 고독한 것 겁내지 않아요
마음껏 내 충분한 시간을 가지고 싶지만
언제나 나라 안 문제가 생기고 곁에는 늘 궁녀들이 있지요
산사에 오는 이유 사람마다 다 다르겠지만
대웅전 부처님께 절하는 만큼 암자에 오르는 길에
깨달음도 얻고 극락을 맛보기도 합니다

숲이란 사계절 맛이 다 다릅니다
고목마다 바위마다 염원이 담긴 돌 쌓인 것 보면
나무도 욕망으로 자라듯
사람에게 욕망이 참 많구나 생각하게 됩니다
나무를 안아보면 나무도 심장이 있어 따뜻하지요
사람들은 꽃 지고 나면 잎에는 눈길 주는 이가 드무나
잎도 맑고 깨끗한 것이 아름답습니다

폐하, 아름답다고 느끼는 사람은 그 마음이 아름답기 때문이요
나무를 안고 따뜻하다고 느끼는 사람은 마음이 따뜻하기 때문이지요
시문詩文도 욕망이지요 욕망은 끝이 없는 법이지요
아무튼 폐하는 참으로 감수성이 풍부하시군요

폐하, 생명은 생명 자체의 힘으로 살아갑니다

숲도 살아가고 나무도 살아가죠
살아간다는 건 변하는 것이죠
초목도 변하고 숲도 변하고 우리 사람도 변하죠
나무가 아름다운 건 잎이 떨어지기 때문입니다

과인은 곧게 자란 나무보다 옹이가 많이 진 나무의 단단함이
더 마음이 가고 많이 굽은 나무가 더 눈길을 잡는군요
이런 데 살면 절로 시가 나오고 득음할 거 같아요
여기 사는 스님들은 어떨까요?

폐하, 절도 또 다른 속세일 뿐입니다
그러나 깊은 번뇌에서 벗어나 솔바람 마시고
나뭇잎 솔방울 떨어지는 소리 음악이 되어주고
고요와 벗하면 마음은 청량할 것입니다
저는 문성왕 19년 857년 출생했으니
왕이 천수를 다하지 못하고 죽은 해에 태어난 것이
앞날이 순탄치 못할 것을 예고한 것 아닐까요
잦은 왕위쟁탈전으로 혼란한 신라
정치 불안이 어떤 사람에겐 기회일 수 있으나
정치 중심인 경주 사량부 사람으로
부친은 헌강왕의 명으로 불사佛事한 공을 인정받아
견일肩逸이라는 이름을 하사 받으셨지요

발원문과 관련된 공功이었지요?

아버지 글 솜씨를 그대가 물려받은 것 같아요
시국을 논하고자 했던 진성은 숲에 빠져 들었다
진성은 노래를 불렀다

—절을 오르며

요즘 나는 부쩍 절터를 오르는 날이 많아졌습니다 내 속의 바람이 미쳐 후끈후끈 날뛰는 날이면 그 바람 식히려고 절터를 오릅니다 그 바람에 내 눈과 귀와 입을 묶어두고 살다가 산을 오르는 길에 당산나무 그늘에 앉으면 어디선가 새들의 독경소리 들려옵니다 숲이 밀어올린 하늘에는 내가 지금껏 붙들고 온 구름이 얼굴을 찌푸리고 있습니다 붉은 열매를 툭툭 던져주는 저 서쪽 숲에는 무슨 숨소리 숨어 있을까요? 꽃과 함께 중얼거리며 산을 오르면 흩어졌던 마음들 새롭게 절터를 다지고 여기저기 나뒹굴던 나무토막들 기둥으로 일어나 제 머리 위에 꽃잎을 따다가 지붕을 얹어 암자를 짓습니다 내 속의 미쳐 날뛰던 바람은 그제야 제 어두운 몸 침묵으로 헹구고 고요해집니다

여기 고승이 있다는데 잠깐 만나 뵙고 가는 게 어때요?
산사도 고승도 많이 아시는군요
고운을 바라보는 진성의 눈빛이 깊어졌다

백련차를 앞에 두고 고승은 이야기를 이어나갔다

부처는 사람이 마음이나 사상이나 의식보다는
육체적 몸을 자아로 여기는 것이 더 낫다고 했습니다
몸은 마음보다는 고정적이기 때문이지요
마음이나 사상, 관념은
몸보다 빨리 밤낮을 가리지 않고 늘 변화합니다
나라고 할 만한 것이 없다는 사실이 있다고
간다라 지방의 바라문 출신 아상가는 말하기도 했습니다
진성은 고개를 끄덕이다가

스님, 요즘 곤란한 질문을 많이 받곤 하는데
제가 워낙 부족해서인지 대답하기 곤란한 것이 한둘이 아닙니다
어찌해야 되는지요?

부처에 의하면
질문을 다룰 때 네 가지 방법이 있다 했습니다

하나, 어떤 질문은 바로 대답해 주어야 합니다
둘, 다른 것은 그것들을 분석하는 방법으로 대답하여야 합니다
셋, 그러나 다른 것은 반문하여서 대답하여야 합니다
넷, 마지막으로 제쳐놓아야 할 질문이 있습니다

스님, 오늘 참 많이 배우고 돌아갑니다
특히 침묵으로 질문을 제쳐두는 것이

가장 슬기롭다는 것을 깨우치고 갑니다
진성과 최치원은 충만한 마음으로 산을 내려왔다

한편 일부 중신들은 최치원을 눈엣가시로 여겼다
불의를 보면 참지 못하는 왕과
대나무 같은 최치원이 손잡고 사정司正을 한다면
자신들의 목숨이 위태롭다는 걸 경계했다
옳다고 판단하면 신념대로 행하는 고운의 성품에
야인의 기질까지 더해져서 은근히 염려되는 바였다

가진 것 없는 사람이 두려운 것이 없는 법이죠
많이 가진 자는 도적과 세금을 두려워하고
덜 가진 것이 오히려 자유롭고 가볍다는 걸
절 보면 알지요 그게 더 빠른 행복이지요
부도 권력도 얻을 수 없으니 즐기며 살려는 거지요
자신만이 하고 싶은 생산적인 일에 전념하는 게
더 보람 있다고 생각해요

진성은 그런 고운의 생각을 동감했다
고운도 왕을 알아갈수록 진솔하고 당찬 심성이 크게 다가왔다
왕이 참 꿋꿋하고 늘 노력하는구나
고운은 신국을 발전시킬 왕의 일을 한평생 돕고자 다짐했다

백성들은 나를 어떤 왕이라 말들 합니까

따뜻함과 부드러움으로
만나는 사람을 세심히 배려하는 왕이라 들었습니다
백성에 대한 인간적인 예의를 존중하며
무엇보다 인간답게 살도록 배려하고 싶어 하신다지요
아름답고 풍요롭게 살게 해 주고 싶어 하신다지요
그걸 지키기 위해 최소한의 싸움은 피하지 않으며
패자에 대한 포용력도 있다 들었습니다
고운은 진성에게 또박또박 말했다

허허, 잘못 들은 게 분명하구료
마치 나를 성군처럼 이야기하는구료
오호, 내가 덕이 없어 백성이 더 힘드는 것 같아요

우리 어머니가 밤길을 가는데 눈부신 별빛 한 가닥이
입으로 들어온 후 임신했으며
용 두 마리가 바구니를 받들고 오는 태몽을 꾸었다 했지요
해산날 밤 방안 가득 향기가 맴돌았다 했는데……
진성은 지친 기력이 역력했으나 엷은 미소를 머금었다

이 무슨 불길한 조짐이냐
진성의 얼굴이 어두워졌다
어찌 그렇게 무례하단 말이냐
세금을 바치지 않겠다 했단 말이냐

네, 그러합니다
전 지방이 다 그런 건 아니지만
중앙의 힘이 지방에 미치지 못하고 있습니다
지방 호족들이 그동안 세를 늘려 힘을 모으더니
사병까지 기르면서
대토지 지주로 관가까지 손아귀에 넣고 있다 합니다

진성의 눈빛이 분노로 타올랐다

진성은 만조백관들 앞에서 말했다
권력은 중심에 있지 않고
지방 호족에게 있구나
우리가 선에 집착하면 그만큼 악이 거세게 덤벼드는구나
경들은 말해보라 납세 거부라니 대체……
공자는 자공에게 정치 세 가지 기능을 이렇게 말했소
백성들이 경제적으로 잘 살게끔 하고
백성들이 전쟁의 참화를 당하지 않게 군비를 튼튼히 하고
백성들이 믿게끔 하는 것인데
그 중에도 중한 건 믿음과 경제와 국방의 순이라 했소
지금 우리에게 백성의 믿음이 우선인데
어째서 백성들이 중앙보다 지방호족을 더 믿게 되었는지
경들은 모두 말해 보시오
경들의 집에선 거문고 소리가 울리고 곳간이 넘칠 때

서로 대립하고 권력다툼 할 때
틈을 엿본 지방 호족들이 믿음을 잃은 농민을 규합하고
중앙정부에 맞서는 세력으로 뻗어나간 것이 아니오!

과인은 포용의 정치 통합의 정치를 해 왔소
허나 부정한 세력과는 야합이나 타협은 결단코 하지 않을 것이오

천성이 봄바람처럼 온화한 진성은
가을 서릿발처럼 싸우는 일을 잘하지 못했다
박씨계 귀족일지라도 유능하면 자리를 주려고 했다
그 밑바탕에는 그런 이유로 떠나야 했던, 귀남이 있었다

어느 날 귀남은 책을 펼치고 있지만
책 속에 내내 진성의 환한 얼굴과 목소리가 들어 있어
창가에 심은 완두콩이 자라는 걸 보면서 노래를 불렀다

–완두콩, 기울다

손바닥만 한 공중 텃밭에 뿌리를 박고
덜 여문 생을 매달고 살아가는 너는

시나브로 몸이 기울어

바람이 드나드는 문 쪽
햇살이 있는 창가를 향하여
그리움이 깊어지면
저렇듯 제 몸을 던져서라도
다소곳이 햇살을 안아보고 싶었던 것을

기울어도 저 꼿꼿함이여
세상 처음의 날 같은
초록의 빛이여
기울어진다는 건
기댄다는 것
중심이 조금씩 이동한다는 것
직립의 삶을 조금씩 내려놓는다는 것
어쩌면 아득한 진공으로 회귀인지도

바라만 보아도 환한
너를 보면
통통 북소리처럼 차오르는 내 마음
진작에 초록으로 물들고 있네

옆에서 책을 읽던 친구가 놀렸다
지금 자네, 사랑에 빠진 얼굴이네그려
귀남의 얼굴이 잘 익은 복사꽃처럼 붉어졌다
친구가 가버린 후 귀남의 심장이 더워졌다

여전히 아름답고 강하고 부지런하고
아련한…

그토록 가슴 떨리며 이러면 안 되지
복회에서 아 터져 나오던 탄성, 그대를 그리워했다는 사실
지금도 그대가 아련히 그립고 지워도 아련히 그립고

저녁 집으로 돌아올 때 왜 그리 쓸쓸하던지
자주 궁궐을 바라보다가, 이러면 안 되겠다고
궁궐도 바라보지 못하고 지냈는데
비로소 내가 누군가를 그리워했다는 사실이
불현듯 살아나고
그래서 눈앞에 계속 아련한…
어머니 여의고 혼자 살며 그리움을 저축하던
귀남은 초야에 묻혀 낭도들을 가르치는 무사로 살았다

한편 진성은 생각에 잠겼다
언젠가 어느 연회에서 진성이
바람을 쏘이러 뒤뜰로 나갔을 때였다

진성이 먼저 운을 떼었다
나 요즘 너를 보면 참 행복해
그럼 행복하려고 만났지요

만남이 불행하면 안 되지요
귀남이 진성의 눈동자를 가만히 들여다보며
이렇게 따스한 눈빛으로 바라만 봐 주시면 됩니다
그냥 곁에 있어 주시면 됩니다
진성은 곁에 있던 귀남의 손을 잡았다

지금의 이 사랑이 언제까지 갈지는 몰라도
서로 성장하고
서로 도움이 되고
서로 이끌어주는 그런 사랑을,
천천히 오래 가고 싶구나
손만 잡고 있어도 좋은 두 사람이었다

어느 저녁이었다
보고 싶다, 라는 말
신새벽처럼 세상 처음처럼 설레는 말
내 마음의 현재
진성은 귀남을 불러 대화를 나누고 싶었지만
사랑을 조절하고 있었다
홀로 있는 저녁시간이면
충만한 외로움을 누리고 있었다
내가 그대 생각을 할 때 그대도 나를 생각할까 아니겠지
아닐 것이다 그렇다면 이렇게까지 막막하지는 않을 것이다
그대는 어딘가에서 누군가와 밥을 먹고 있을지도 몰라

하지만 함께 밥을 먹고 있는 사람은 자신이 보내고 있는
한순간 한순간이 얼마나 소중한 것인지 알까
특별할 것 없는 한때가 정말로 소중한 줄 알까
사랑을 하려면 외로워져야 하는 거야
아무리 깊게 빠진 사랑일지언정,
틀림없이 고독은 있지
그런데 겁도 없이 나는 그대를 사랑하고 있다
진성은 귀남이 그리워 노래를 불렀다

–저녁강

어두워서 더 포근하게 느껴지는
저녁이면
시간이 천천히 흘렀으면

시간의 물살로 어둠을 더듬어 가다보면
아무런 욕심 없이 살던
옛 기억의 강가에 닿는다

그리움인 듯
강심에 마음을 묻으면

갈대의 희미한 얼굴들이 물결로 일렁이고

바람은
반쯤 스러진 노을빛 쪽배를 탄다

비워낼수록
더욱 짙게 고여 오는 진홍빛 강물을 길어
뚜벅뚜벅
계단을 오르는 저녁노을

깊어가는 밤의 정적 속으로
누군가 걸어 들어가고 있다

이때 말벗이라도 되어 드리려 한다며
신궁서리가 침소에 들렀다가
진성의 마음을 읽고는 이야기를 시작했다

관계란 균일하지 않습니다
세상에는 아주 특별한 사람도 있을 수 있고
목숨같이 소중한 사람도 있고
지루한 사람도 있고 질리게 하는 사람도 있고
없는 것 같은 사람도 있고 불쌍한 사람도 있고
행복하게 하는 사람도 있지요
이별할 때가 오는 사람도 있어요
언제까지나 이루어지지 않은 사람도 있고
미리 이별을 노래하는 사람도 있고

가까워지면서 멀어지는 사람도 있고
잊혀져 가는 사람도 있지요
흘러가는 물처럼 흘러가는 사람도 있고
고여 있는 사람도 있고
출렁이게 하는 사람도 있고
반짝거리게 하는 사람도 있고
검은 머리카락처럼 물의 노래 같은 사람도 있고
폭포 같다가 시냇물 같다가 바다 같은 관계도 있지요
수없이 많은 처음과 중간과 바깥 지점이 있지요
결국 서로 다치게 하는 사람이나
아직 사랑이 끝나지 않았는데 떠나가는 사람이나
모두 많은 것을 배우게 하지요
관계가 오래 갈 수 있는 게 사랑의 능력이지요

서리, 원숭이들도 사랑에 빠지면
서로 서캐를 잡아준다고 해요
사람은 잘못 건드리면
관계를 망칠 수도 있는 것 같아요

진성은 틈틈이 성덕왕 때 김대문이 지은 『계림잡전』이나
『고승전』이나 『화랑세기』도 읽었다
진성은 최치원의 「토황소격문」과
최치원이 886년 정월 귀국 후 8개월 동안 만든
문집 『계원필경』을 읽었다

그리고 최치원의 한시를 읽다가
「추야우중」이 내내 마음에 남았다
그 사람의 글을 읽는다는 건
그 사람에 대한 존경과 관심이야
그 사람에 대한 애정이야
진성은 생각했다

> 가을바람에 괴로이 읊나니
> 세상엔 날 알아주는 이 없네
> 창밖엔 삼경의 빗소리
> 등불 앞엔 만 리로 내닫는 이 마음

진성은 최치원의 이 시를 외워버렸다
마음에 자꾸 파고드는 글이었다
그의 철학과 개혁에 대한 의지와 불교적인 면이
진성과 통하는 부분이 많았다
자신에게 필요한 존재임을 알았다
최치원의 외로운 구름이라는 아호도 마음에 들었다

7. 지금은 사랑할 때

하루는 화랑의 문재文才를 겨루는 대회가 열렸다
진성은 장원을 한 화랑을 만나 식사를 하게 되었다
들어오는 사람이 바로 귀남이었다
진성은 귀남이 빛처럼 눈부셔 잠시 눈을 감았다 떴다

그대의 오늘 장원한 글 한 대목만 좀 들려다오
솔바람 같은 목소리로 귀남이 담담하게 암송했다

–이름

사람이 그리워지는 때
나는 살며시 하늘을 봅니다
그 사람의 이름을 불러보면
하늘은 맑은 허공에 구름을 보내줍니다
구름, 하고 부르면
구름은 바람에 밀려오기도 하고 가기도 하나
구름의 뒷모습조차도 아름답게 바라봅니다
하늘은 물끄러미 바라보는 나에게
새 한 마리 보내주고

새, 하고 부르면 새는 밤을 물고와
밤이면 개밥바라기별을 줍니다
별, 하고 부르면
나는 별에서 그 사람의 눈빛을 보고
바람 속에서 그 사람의 향기를 맡고
새 한 마리의 날갯짓에서
그에게 날아가는 내 마음을 봅니다
하늘은 흐리고
나는 하늘을 닮은 그 사람을
하늘에 그리고 지우고 마음을 띄우면
하늘은 말없이 빗방울 소리로
내 심장의 두근거림을 그 사람 창에 닿게 해 줍니다

사람을 그리워한다는 것은
내가 아직 살아 있다는 것입니다
내가 아직 사람으로 남아 있다는 것입니다

과인이 보건대 그대가 사랑하는 여인이 있나 보네
그 여인은 누군지 참으로 행복한 여인이네
폐하, 저에겐 늘 태양 같은 분이지요
진성의 귓불이 살짝 뜨거워졌다
진성은 귀남이 건장하게 돌아온 것이 고마웠다

귀남은 맑고 환하게 웃는 진성의 얼굴을

부드러운 눈빛으로 바라보았다
그날 진성은 귀남과 약속을 했다
살구꽃이 피면 한차례 보고
단풍들거나 연꽃이 필 때면
첫 눈이 내리거나 할 때 한차례 보자꾸나

한편 귀족들은 최치원을 경계했다
건방진 놈 같으니라구
신분도 낮은 주제에 나라의 정치에 참여하려 들다니
글줄께나 쓴다 해서 봐 주려 했는데 안 되겠어
자기 신분을 알아야지, 신분을!

어느 날 최치원은 스승인 재야 노학자를 찾아갔다
황소의 난을 타산지석으로 삼아야 하네
왕실이 타락하고 왕이 힘을 잃는 순간부터
민심은 돌아서고 민심이 돌아서면
망조가 들기 시작하는 법이지
자네가 계림을 떠나 당에서 벼슬을 한 것은
이 나라의 골품제 때문이었으나
향수와 애국심으로 환국했다 들었지

최치원의 당당한 체격, 표정은 부드러우나 눈매가 강렬해
한눈에도 고집과 강단이 세 보이는 모습을
바라보며 스승은 말했다

제가 떠나오기 이태 전 장안(당의 서경)은 사타족(터키계) 장수,
이극용李克用의 활약으로 대부분 수복되었고
황소는 제 고향인 태산泰山 부근으로 쫓겨가 자살했다 합니다

지금은 힘 잃은 호랑이가
승냥이 떼에 뜯어 먹히는 야생의 이치와 같다네
강력한 신념과 충성의 명장이 절실한 때지

스승과 헤어져 돌아오는 길
최치원은 왕의 측근을 생각해보다 한숨이 나왔다
훈련비나 군사력 보강에 드는 돈이 바닥나자
화랑의 낭도들이
진골귀족의 사병이나 호족의 사병으로 자원하는 형국이었다

최치원은 나라를 바로 돌보지 않는
귀족들의 태도에 크게 실망을 했다
골품이 문제구나 골품이 문제야
아무리 뜻이 있고 능력이 있어도
정해진 신분 때문에 제대로 뜻을 펼치지 못하는구나
신분이 높다는 귀족들은 중요한 벼슬을 다 차지하고 앉아
자기 배만 채우고 이 나라가 결국,
망하려는지……

한편 고운과 개혁파 젊은이들이 모였다

국학에 다니는 젊은이 :
왕은 손수 검소한 생활하며
귀금속 같은 치장도 안 하고 솔선수범한다지요
헌데 왕을 트집 잡으려
침실을 자꾸 부풀려 헛소문을 내고 있군요

최치원 :
지도자에게는 도덕성보다 철학이 중요한 것이라네
내 가까이 본 왕은 세상은 만들어 가는 거라며
가슴과 영혼의 정치를 철학으로 가진 분이었다네

농부의 아들 :
귀족과 통치자들만 좋은 나라가 신국입니다
백성은 각자 알아서 죽도록 일하며 살아라
이렇게 무책임한 나라에서 살다 보면
누구라도 유랑민이나 도적이나 노숙자가 되는 세상이지요

최치원 :
내 가까이 본 왕의 성품은 뭐든 배우려 하고
여러 의견을 듣는 겸손함도 지닌 분이었소
허나 어떤 이들은 여왕이라는 면을 폄하하거나
6두품이나 유학파 젊은 인재를 가까이 함을 못마땅하게 여겨

왕이 하는 일에 명분도 없이 반대하고 있소
지금 왕은 가장 고독하고 외로우며 가난한 분이지요

당 유학파 6두품 자제 :
당도 어지럽고 망해가는 양상이나
신국도 그러한 것 같습니다
파리 목숨 같은 자들은 일할 자리가 우선입니다
귀족들은 당나라 유학생에 대한 열등감이 크다던데요
견제하고 자꾸 내몰려고 호시탐탐 기회를 보고 있다지요

무사의 아들 :
돈이 있어야 군사력을 키우고 사람을 부리며 사람을 만드는데
중간에서 진골과 호족들만 더 부자가 되고
그들의 군사력만 막강해집니다

최치원의 얼굴이 어두워졌다

한편 진성은 스승으로 여기는 고승과 궁 뜰을 거닐었다
지나가는 달팽이 한 마리를 발견한 진성이
달팽이를 집어들며 시를 지었다

–달팽이

나만 바라보는 눈빛이
너무 무거워
이렇게 살다 가는구나

달팽이를 들여다보던 진성이 돌아보며
생각이 많고 걱정도 많다 보니
어젯밤에는 꿈속에서 어머니가 나타나
불행한 느낌으로 불행해지지 말고 걱정으로 걱정하지 말라
당부하고 손을 잡아 주시고 가셨지요

백성들의 마음을 얻으면 나라를 얻지만
백성들의 마음을 잃으면 나라도 잃는 것입니다
인재 등용을 제대로 하지도 못하는 내가 왕 맞는지요
기어이 고운은 견디지 못하고 스스로 외곽을 자청했지요
진성의 옆얼굴이 고독해 보였다

5월이 다 가고 있는데 봄비가 굵게 내렸다
오랜만에 빗소리가 진성 마음에도 흘러내리고
빗방울 한 방울 속에 환하고 선한 사람 하나 보였다
그 사람의 깊은 눈망울처럼
그 사람의 깊은 눈 속으로
빗방울이 되어 스며들고 싶었다
빗소리를 더 듣고 싶어 가만히 창을 열다가
진성은 고운 최치원이 보낸 편지를 떠올렸다

폐하는 좋은 군주君主이십니다

폐하의 장점은 순수하고 검소하며 소박하고

솔직하며 성실하다는 것이요,

뭐든 배우려고 하는 지적 호기심이 많고

시적 감수성이 뛰어나다는 점이옵니다

폐하께서 제왕이 아니 되셨다면

뛰어난 예술가가 되셨을 것이옵니다

그 예술에 대한 애정으로 삼대목을 편찬,

흩어져 있던 사뇌가를 모아 집대성하게 하셨지요

워낙 강건한 분이오니 잘 이겨내시리라 여깁니다

이 혼란하고 시끄럽고 어려운 시대에

거리를 두더라도 용서해주시옵소서

무엇보다 늘 건강하게 옥체 보존하시길 바라옵니다

진성은 자신을 알아주고 인정해주는 것도 좋지만

무엇보다 자신의 영혼이 진화되는 것을 느꼈다

진성은 새롭게 마음을 다잡고 노래를 불렀다

–메아리

겨울 아침 산을 오르다

오르다 메아리를 불러본다

나 여기 있어요 잘 있어요? 잘 있나요?
메아리가 울리지 않는다
내 마음속의 나무가 사라진 것이다
푸른 나무를 키우지 않았던 날들
집을 들이고 사과밭을 일구는 동안
나무는 베어 나가고
깊은 골짜기를 품은 숲도 베어 나가고
내 마음도 베어 나갔다
나무에 깃들어 살던 새는 떠나갔다
새들이 떠나간 민둥산은
흰 눈과 바위만이 남아 영혼의 폐가를 내려보고 있다
꽁꽁 얼어붙은 계곡의 물들이 다시 흐르고
나무에서 내려온 메아리가 묻혀 있던
딱딱한 흙이 녹기 시작하면
보기 흉한 폐촌을 부수어 내고
제일 먼저 나무를 심으리라
다시 새들을 불러들이리라
나무 그늘에 누워
새들이 허공에 내는 길을 보다가
나도 내 마음에 새로운 길을 내고
나 여기 있어요 잘 있어요? 잘 있나요?
메아리를 불러 보리라
푸른 나무가 우거지고 골짜기가 깊어진 곳에서
울려 퍼지는 메아리를 마을마다 닿게 하리라

하루는 불교 연등행사가 있었다
탑돌이를 하던 왕과 고운이 만나게 되었다
자리를 옮겨 차를 한잔 나누었다
요즘 시는 잘 됩니까?
진성이 물었다

좋은 시를 쓰기 위해서는 잘 살아야 한다는 걸 느낍니다
시가 안 되는 것은 잘 못 살고 있기 때문이라 여겨집니다

한 공간에 있는 것만으로도
진성은 충만함으로 채워지는 것 같았다
달빛이 교교히 흐르고 진성은 수척해 보였다
허나 스스로 세상과 거리를 두고
외로움을 무기로 삼고
세상에 맞설 수 있는 저항력, 시의 힘을 가진
고운만은 건강해 보였다
진성은 말했다
나는 지방 호족들의 반란을 통해,
장계를 읽으며
세상과 마주 서는 법을 배우고 있습니다
부릅뜬 눈으로 그렇게 세상 앞에서
나는 가끔 우두커니가 됩니다

다른 물질이 녹아 있는 용액은
순수한 액체보다 끓는점이 높은 법이지요

어려운 상황을 고운에게 털어놓으면
고운은 생각을 정리해 주기도 하고
지혜의 물꼬를 터주기도 했다

하루는 귀남이 해바라기를 보내와 진성의 창가에 심었다
전서구傳書鳩를 통해 온 편지를
궁녀가 진성에게 건네주었다
편지 속에는 시 한 편과 글이 있었다

–해바라기

'출입금지' 라는 글자를 문에 붙이고
그녀는 문을 닫았다
아무도 그녀가 궁금하지 않았고
그녀도 문밖의 세상이 궁금하지 않았다

그녀의 창가엔
함박눈이
머무르다 가고
빗물도

흘러내리다 가고
허기진 고양이 한 마리 울다 가고
바람이 덜컹덜컹
창을 흔들기도 했지만

미동도 없이 그녀는
동면하는 한 마리 짐승이었다
풀숲만이
풀숲만이
그녀의 방에
깨어 있어

풀숲이 그녀의 몸을 뒤덮을 즈음
누군가 뚜벅뚜벅 걸어와
문을 두들겼다

아무 반응 없어도
두들겼다
그는 되돌아가지 않고 문을 마구
두들겼다

시끄러운 건 질색이야
그녀가 문을 삐금 열자
당신을 생각하면

당신 쪽으로 늘 서 있게 된다고
해맑은 해바라기가 인사했다

—이런 편지를 드리는 건 생애 처음입니다
조심스럽기도 하고 정말 쑥스럽기도 합니다
내게 이런 힘 실어주신 분께 감사를 드립니다
물굽이처럼 솟구치는 이 감정을 제어하기가 쉽지 않습니다
스스로도 당황스러울 만큼 흔들리면서 하루를 보냅니다
그러다간 다시 정신 차립니다
서두르다간 다 망쳐 버릴 것 같아서입니다
그러면서 호흡을 바꿉니다 산책을 나서기도 합니다
길게 보자. 떨림을 딛고 감정을 꾹꾹 눌러 놓습니다
하지만 어렵습니다 대상을 앞에 두고 돌아가야 한다는 것,
참 괴롭습니다
사랑은 용기입니다 어려운 선택을 했습니다 참 막연합니다
이렇게라도 나를 확인할 수 있도록 허락해 준
삶이 대견하기도 합니다
예기치 않게 한 마음을 만나 간직할 수 있다는 것,
참으로 행복한 사건입니다 그런 만큼 두근거립니다
어느 날 갑자기 찾아온 것처럼 어느 날 갑자기 사라질까 봐……
마음에 따라 사물이 달라 보인다는 말
실감하는 중입니다 오래 잊고 지낸 진실입니다
정말 달라 보입니다 저 나무의 떨림이, 저 바람의 산들거림이

예민한 촉수로 다가옵니다
감정 선이 미세한 부분까지 열어 놓은 것 아닌가 싶습니다
다 한 사람 덕분입니다
마음의 결을 따라 사물이 들어오는 것일 테니까요
그저 맡겨두는 것이지요 흐르는 대로 마음을 맡기다 보면
어디엔들 이르겠지요

궁 연못가에는 연꽃이 피었다
진성은 궁을 빠져나와 귀남에게 갔다
귀남은 고인 물처럼 말을 쏟아냈다
사랑의 즐거움에는 기대가 함께 들어 있어요
제가 누군가를 또 즐겁게 해주고
영혼의 대화를 나눌 수 있다는 기대가 있는 것 같아요
누구를 만나고 무엇을 해도 의욕 없게 만들더니
따스한 공기가 마음마저 녹여주는군요
식욕이 돋아나고
식욕이 난다는 것은 의욕이 샘솟았다는 것이죠
다시 만난 건 아무래도 부처의 원력 같아요

낚시를 아주 즐겨하는 친구가 있지요
다른 물고기는
하나를 잡으면 하나를 잡는 것이나
가물치란 놈은
하나를 잡으면 두 마리를 잡는다고 해요

하도 좋아해 늘 붙어 다닌다고
지독한 사랑은
그렇게 둘을 죽음으로 몰아넣기도 하지요
귀남은 머리와 가슴을 다 가진 사람이었다

빗방울이 한 방울의 힘으로 떨어지는 것이 보이더니
이내 한 방울의 빗방울의 힘이
단단한 돌에 우물 하나 만들었다

그 우물에 진실 되고 아름다운 사람 하나 보입니다
그 맑은 사람의 눈동자 보입니다
아무도 손잡아 주지 않는 손을 잡아 주는
빗소리가 마음을 연주하고 있듯이
그 사람이 나를 연주합니다
비로소 그의 눈 속 죽은 풍경이 살아나듯
그의 눈 속 죽은 나는 살아납니다

빗방울이 두 사람의 가슴속에 내리고 있었다

귀남, 그대는 아는가
당신이 일상에서 누리는 자연스러운 것들이
나에게는 있으면서도 없다는 것을
혼자 걷지 못하는 두 다리와 똑같다는 것을
나는 때로 혼자 마냥 걷고 싶소

눈이 내리는 길을 무작정 걷고 싶고
꽃길을 꽃비를 맞으며 걷고도 싶소
누군가를 만나러 가도 되는 그런 자유가 보장된
배고프지 않으면 먹지 않아도 되는 그런 세상에서
그냥 내가 나만 책임지면 되는 그런 세상에서
소박하고 단순하게
이 궁궐은 감옥이라는 것을
아픈 밤이면 달을 삼켜
달을 복용하고 나면
가슴이 환해지지
다시 어두워지더라도
밤이 있어 잠잘 수 있고
밤이 있어 꿈꿀 수 있지만
내 마음은 캄캄한 밤이지

진성은 몸이 연주하는 음악처럼 그의 연주에 빠져들었다
진성의 온몸의 악기가 그때마다 연주를 했다
진성은 사랑하는 동안은 사랑에만 몰입했다
진성의 몸속 숨겨놓은 짐승이 뛰어 나왔다
말 수천 마리 말이 광야를 마구 달렸다
번개가 치고 천둥이 하늘을 뒤흔들었다
문짝이 다 날아가고 달이 점점 커져 갔다
등산을 몇 번이나 한 듯 온몸이 흠뻑 젖은 두 사람
말이 없었다

창밖으로 눈길을 보내던 귀남이 나긋한 목소리로 노래했다

–별꽃

당신은 저에게
꽃을 주었죠

함께한 시간이 짧을수록
그래서 너무나 아름다운
당신의 꽃

어느 하늘 아래 함께 호흡하다
어떤 모습으로 변한다 해도
사랑하는 꽃

꽃비가 내리고 있어요
당신의 해바라기로 살 거예요

당신의 뜨거운 심장소리
꽃으로 피어나고
먼 훗날
그대와 함께 곁에 있어주던 눈빛 하나
초저녁 하늘

별꽃들 피우고 있을 거예요

진성은 손수 차려준 귀남의 밥을 다 먹고
마음을 시로 표현했다

–지금은 사랑할 때

아침밥 대신
당신의 숨 냄새 눈빛을 먹습니다

무언가 내 몸속 깊이깊이 들어올 때
켜둔 촛불이 흔들렸습니다
방안의 책들이 출렁거렸습니다

그대와 사랑이 끝났을 때
밤새 내리던 비가 그치고
고요한 햇빛이 들고 있었습니다

땀방울 하나가 젖가슴 사이로 흘러내릴 때
음악이 방안을 가득 채워주고 있었습니다

아, 이대로 죽어도 좋아
내 삶의 저 언덕으로 떠나는 시간

어느 날 진성은 나라 안이 점점 어지러워지자
시국을 논하러 외직에 있는 최치원의 처소를 방문했다

폐하, 이럴 때일수록 심기를 굳게 해야 합니다
현명한 소수를 존중하지 않는 실수를 해서는 안 되며
먼저 인간이어야 하고 그 다음에 백성이어야 합니다
제가 원하는 바는
나를 가장 적게 다스리는 왕국이 좋은 나라라고 생각합니다

진성은 강직하고 반듯한 고운을 따스한 눈빛으로 바라보았다
최치원은 차를 준비하려 했는데
진성은 술상을 마련하게 했다
술기운이 오르자
고운은 마음이 부드러워지며 속내를 털어놓고 있었다

홀로 힘겹고 바쁘게 사는 폐하의 모습, 지켜보는 게 안쓰러워요
아무런 힘도 못 돼 드려 미안합니다
친구들 보면 장사다 투기다 돈도 많이 벌고 했는데
아무튼 공부나 하고 시나 쓰다 보니 내세울 것도 가진 것도 없고
한세상 즐기다 가려 해도 세상이 시끄럽고 뜻을 펼칠 수도 없

네요

위험 없는 삶은 가치가 없어요
과인은 낭만적 사랑을 하고 싶답니다
고통 많은 세상에서 사랑이 구원이랍니다
복숭아도 배도 누군가 맛을 들입니다
석류도 수박도 호박도 소녀도 소년도
모든 만물엔 누군가 맛을 들이는 시간이 필요합니다
과인에게도 누군가 맛을 들인 사람이 있지요
진성도 술 한두 잔에 속내를 털어놓았다

폐하, 낭만적 사랑은 숭고한 사랑과 열정적 사랑을 구분하지
요
사람들은 세상에서 부인된 것을 환상 속에서 구합니다
열정적 사랑이 해방과 의무로부터의 단절을 준다면
낭만적 사랑은 자유와 자아실현의 결합입니다
찰나적 매혹은 첫눈에 반한 사랑이기도 하나
여자의 제국은 부드러움의 제국입니다

낭만적 사랑은 불완전한 한 사람을 완전한 전체로 만들어주
는
어떤 것이라 생각됩니다
숭고한 사랑이 어떤 정신적 대화로 부족한 부분을 채워주며
영혼의 만남을 만들어 줍니다

바로 그 사람이라는 이유 하나만으로도
자신의 결핍을 채울 수 있는 그런 존재 말입니다
진성에게 고운은 숭고한 사람입니다
폐하, 성은이 망극하옵니다
고운은 정말 행복해야 합니다

폐하, 책 속에선 이루어지지 않는 게 없습니다
책 속에선 뭐든 다 가능해지니
책을 읽으면 행복해집니다

이렇게 날씨는 좋은데
과인은 정말 좋은 왕이 되고 싶은데
하늘도 이만하면 비를 내려주셔야 하는데
하늘도 이만하면 피를 보지 않게 해 주셔야 하는데
점점 사람의 욕망이 무서워지고
모든 인연이 무겁다는 생각이 들고
점점 약속을 만들지 않게 된다오

진성도 왕으로서의 고뇌를 털어놓았다
진성은 속으로 생각했다
고운과 만나면 그 시간 속에 푹 빠져
시간도 일상도 걱정도 잊어버리곤 했다

정신적인 교감이나 영혼이 진화되는 시간이면

그저 한 공간에 있다는 것만으로도 충만했다
푸른 과실이 햇빛을 마시고 제 속의 쓰고 신
물을 달고 향기로운 즙으로 만들 듯
초승달을 키워 보름달을 만들 듯
콩나물에 물을 주면 물은 금방 다 빠져 나가더라도
콩나물은 쑥쑥 자라듯
진성은 고운과 교감의 시간을 가지고 있었다
다시 진성도 고운도 바쁜 나날을 보냈다

물과 불은 서로를 섞지 않지만
물은 불을 만나면 품안에 보듬어준다
활활 타오르던 불도 물 앞에선 부드러워진다
한편 귀남이 강둑에 핀 꽃 한 송이를 진성에게 전해주었다
진성이 활짝 웃으며 꽃내음을 맡았다

–박꽃

두 손 마주잡고 있으면
덥석 안아보고 싶은 그대
어쩌면 명랑하면서도 빛나는 눈빛
옥같이 맑은 그대 사랑을 느꼈네
서로 사랑한다는 말은 안 해도
언제나 해맑은 미소가 예쁜

그대
때 묻지 않은 순수를 보았네

폐하, 저와 함께 있는 시간만큼이라도
일상이나 정국은 잠깐 잊으시고
마음을 편안히 가지시고 원기를 보충하십시오
제가 안마를 해드릴 테니 편안하게 엎드려 보십시오
진성에게 사랑은 받는 것보다 사랑하는 것
왕은 비단처럼 보드라운 몸을 엎드렸다
진성은 달콤하게 중얼거렸다
나는 사랑이 영원하다고 믿는다
사랑은 새로운 걸 창조하기 때문이지

귀남은 지금 왕이 얼마나 고독하고 힘든 줄 잘 알았다
세상에서 가장 잘하는 게
견디는 일이라던 왕이었다
피할 수 없다면 고통을 즐기겠다던 왕이었다
나라의 곳간보다 호족들의 곳간이나 귀족들의 곳간이 더 부자요
그들의 커진 힘이 언젠가는 왕의 숨통을 조일 것이었다

폐하, 달빛이 환해요
달의 문 안에서 제가 해 드리는 안마가 어떠신지요
무한한 사랑을 보냅니다

폐하, 폐하의 물소리는 계곡물 소리 같아요
묘하게 여러 갈래 소리가 하나로 뭉쳐 구슬이 되는 것 같습니다
계곡에 나무가 자라는 한, 물은 흘러요
제 나무가 그 계곡에 뿌리 내리고 있어요 느껴지지 않나요
폐하의 계곡처럼 끈질기게 흐르기 바랍니다
계곡은 마른 듯해도 반드시 흐르게 되지요
계곡에 나무가 있는 한 맑은 물 흐르는 계곡이기도 하지요
인간이 고립감으로부터 벗어나 삶의 관계 맺기를
사랑으로 시도하는 것이지요
서로의 몸을 관계 맺어 주고 영혼을 맺어주지요
삶이란 인연과 관계를 말하는 것이지요

진성은 늘 긴장하고 살다가
잠깐이라도 낙원이 필요했다

멈추라고 해서 멈춰지는 게 그리움이 아니더군요
날마다 보고 싶어도
조심스러워집니다
엄청나게 밀려드는 밀물의 행복,
가슴이 출렁거리고 숨이 턱 막히고
눈을 제대로 뜰 수도 없지만, 짜릿함
이대로 빠져죽고 싶은 충만함
사랑을 제대로 받아들일 줄 아는 마음도

누군가의 사랑을 받으면서도 그 사랑을 시큰둥하게 여기거나,
그 사랑으로 인해 오히려 오만해진다면
그 사랑은 참으로 낭비적인 사랑입니다

사람들의 얼굴이 왜 무표정인지 아시나요?
경쟁 때문입니다
자신의 속내를 드러내지 않으려는 것이지요
폐하의 표정은 늘 속내를 드러냅니다

호호호, 지금의 내 표정은 어떠했소?
나는 감정에 충실한 편이라 그런 것이오
아, 아무튼 이렇게 꿈꿀 수 있는 밤을 사랑하오
자신이 자유로워야 다른 이도 자유롭게 할 수 있지
집착은 사랑이 아니지
꿈에서라도 자유롭고 싶은 꿈을 꾼다오
휴식할 수 있는 밤을 원하오
나비가 꽃에 앉는 것은
꿀만 얻으려는 것은 아니리
쉬고 싶어서이리
쉴 새 없는 날갯짓을 하며 날다가 쉬고 싶을 때
나비는 꽃에 앉는 것이오
사랑은
피안의 저 언덕으로 데려다 주는 것

–나비

날아다니는 등처럼
날아다니는 색종이처럼
날아다니는 융단처럼

이미 꽃들은 피어나서
이미 꽃들은 향기로워서
이미 꽃들은 아름다워서

때때로 위장술로 자신을 보호하며
때때로 독 있는 비늘을 갑옷삼아

방랑자처럼
유목민처럼
바람둥이처럼

8. 놀란 계곡의 나비들

한편 궁남을 두어 여왕을 보필하자는 신하들이 나타났다
궁남을?
궁남 같은 거 신경 쓰지 마시오
원치 않는 일이오

내 그동안 국정관리를 경들에게 위임하였으나
이제부터는 내 직접 챙기리다
더 이상 백성들이 도적 떼가 되거나
집안이 박살나는 일을 막아야겠소

폐하, 최치원 아뢰옵니다
세금 내고 죽도록 백성의 의무를 다해도 굶고 유랑민이 된다면
자신을 거리로 내몬 사람들에 대한 저항이 있을 것이옵니다
그렇게 만든 조정과 세상에 분노할 것입니다

그래요 과인의 생각도 그러하오
그러니 누구를 위한 신국인지 누구를 위한 권력인지
경들은 어서 대책을 마련들 하시오

그때 서리가 급하게 당도했다
귓속말로 전하자 진성의 얼굴이 파랗게 변했다

어느 누가 그런 고약한 짓을 한단 말이오
백성이 있기에 우리가 있는 것이거늘
하늘이 무섭지도 않다는 말이오
신당을 불 질러버렸다니
이게 어찌 사람의 얼굴로 할 짓이오
가뭄 든 것을 내 덕 없음이라
소문을 퍼트리던 자들 소행일 것이오
서리는 다시 하늘에 기우제를 준비하시오

긴긴 밤 진성은 한동안 창밖을 바라보다가
사뇌가를 읊었다
안민가安民歌였다

> 임금은 아비요 신하는
> 사랑을 베푸는 어미이며
> 백성은 어리석은 아이라 한다면
> 백성들이 사랑받음을 알 것입니다
> 꾸물거리며 사는 백성들
> 배불리 먹여 다스려
> 이 땅을 버리고 어디로 갈 것인가 할 때
> 나라가 다스려짐을 알 것입니다

아, 임금답게 신하답게
백성답게 한다면
나라가 태평하리라

아침이 밝아오고 있었다

뭐라고?
농민 반란을 주도한 인물이 누구더냐

사벌의 원종, 애노, 아자개 등이라 합니다
사벌의 군주 우연을 죽이고, 사벌성을 장악하였다 합니다

그럼 이럴 때가 아니지 않습니까
어서 영기 장군을 들라 하세요

내 그대에게 군사를 주니 반드시 진압하고 돌아오라

염려 마십시오
농사만 짓던 농민들이 저희와 대적이나 되겠습니까

원종 옆에서 대장이 소리 질렀다
왕은 백성을 긁어먹는 자, 귀족은 백성의 피를 빨아먹는 자
그들에게 백성이란 하찮은 노예였을 뿐,
자, 우리가 당한 만큼 돌려줄 때가 왔다

와 와,
수많은 반란군들이 사나운 파도처럼 밀려오고 있었다

엄청난 기세에 눌린 관군들은 맞서기는커녕
도망칠 엄두조차 내지 못하고
장군 영기마저 두려움에 질린 얼굴이었다
뱀 만난 개구리 같아 보이는구나 하하하
애노가 웃고 있었다

저런 대군에 맞서봤자 우리 장졸만 상할 뿐이다
잠시 군사를 물려 피한 뒤 더 보강하여 다시 오자
영기는 훗날 다시 도모하려고
싸워보지도 않고 퇴각을 명하자 관군들은 뿔뿔이 달아났다

원종이 더 의기가 양양하게 소리쳤다
보라! 저 달아나는 토끼 떼를!
힘들이지 않고 우리가 이겼다!

한편 궁에는 급한 전령이 닿았다
뭐라, 관군이 도망치다니,
대체 이게 무슨 소리요
어디 말이나 되는 소리요
너무 어이없는 일이로다
너무 뜻밖이라 화를 낼 겨를도 없이 대책을 논했다

영기 장군이 농민군의 기세에 눌려 진군하지 못했다니
세상에 어찌 그러고도 신국의 장수란 말인가
어디 이래서야, 이렇게 군기가 다 빠져서야
병부령은 들으시오
당장 영기를 참수하고 다른 대책을 세우시오

사벌 군주의 아들을 군주로 삼아
반란을 진압하도록 하겠나이다

큰일입니다
초반에 불길을 잡지 못하면
전체 산이 불타버리는 법
초가삼간을 다 잃는 법
어째 예감이 좋지 않습니다

관군의 패배는 진성의 자부심과 자신감
왕의 권위에 큰 상처를 주었다

한편 박씨계 진골 귀족에서는 웃음소리가 터져 나왔다
뭐라고요, 달아나는 토끼 같다고요?
뱀 앞에 개구리 같다고요?
노약한 군사들의 사기와 기세가 더 떨어졌겠군
자, 우리에게 기회가 빠르게 다가오고 있구나

왕권이 무너져가고 있어
김씨가 망하고 박씨가 왕이 되겠구나

한편 진성은 미덥지가 않았다
이번 소문이 나면 여기저기 반란군들이 들고 일어날 게
불 보듯 뻔하였다 호족들이 그들을 노린다면……
진성의 얼굴이 점점 어두워지자 시중이 나섰다
폐하, 너무 심려치 마옵소서
진압 소식이 당도할 것이옵니다

다시 급한 전령이 도착했다
호족 세력이 이번 원종, 애노의 반란을 진압했다고 했다
뭐라? 뭐라 했느냐
진성의 예측이 맞아갔다

귀족들은 호족 세력에 대한 의논을 하고 있었다
수선떨 것 없소
망해서 내려간 호족과 촌주와 연루되든 농민과 연루되든
도적을 끌어안든 어찌 우리 진골의 적수가 된단 말이냐
아닙니다 그들도 사병을 조직하여 군사력을 늘리고
부를 크게 축적하여 막강한 힘을 가지고 있다 들었습니다

진성은 발빠르게 박씨계 대표를 임해전에서 만났다
귀족들은 왕위 찬탈 먹이를 노리는 호랑이 같다가

위엄 있는 왕을 만나자 당황하는 기색이 역력했다

강 건너 불구경하듯 하실 것이오?
과인이 위태로우면
진골도 이 나라 존재도 모두 위태로운 것을
정녕 모르시는 것이오?
답답한 심정을 전해도 귀족들은 모른 척했다

폐하, 노여움을 거두시옵소서

작은 불씨라도 소홀함이 없어야 되지 않겠소?
지금은 국난이오 함께 힘을 합쳐야 하지 않겠소?
진성은 잠시 침묵을 했다

폐하, 밥과 고기를 든든히 먹인 부대가 더 힘을 내는 법이지요
폐하께서 너무 인간적으로 대해주니
관군들의 마음이 풀어지고 해이해진 탓이지요
또한 백성들은 우매하여 이리저리 우왕좌왕하기 일쑤지요
이편 또 저편, 유리한 편으로 옮겨 다닐 뿐이니
너무 염려하지 마시옵소서

농사를 지어본 사람은 알지요
씨앗은 힘이 세다는 것을 압니다

반란의 씨앗이 농민이오
과인은 농사짓는 사람들을 잘 알지요
낮고 순한 마음을 잘 알지요
아무리 짓밟혀도 씨앗처럼 밀고 올라오지요

진성은 자신이 반란 속에 갇힌
외로운 섬처럼 느껴졌다

무슨 방도가 정말 없겠소
군령이 제대로 서지도 않고
지방 호족을 제압하지도 못하고
각 관료와 귀족마저 전리戰利를 취하느라 혈안이 되고
개혁만이 이 나라를 구할 수 있습니다
확 바꿔야 합니다
조세 개혁과 토지 개혁으로
농민들의 시름을 덜어줘야 합니다
지난번 토지 보유세와 부유세 등 토지 개혁을
귀족들의 반대로 통과하지 못했지만
이번엔 기필코 추진해야 합니다
빈부의 차가 너무 심합니다

모두가 침묵만 지키고 있었다
어서 대안들을 마련해 보시오
과인은 어떻게든 백성과 신국을 위한 거라면

어떤 희생을 감수하고라도 개혁을 하리다

진성이 걱정한 대로였다
초장에 못 잡은 불씨가 온 산을 태우고
초가삼간을 다 태우는 형국이 닥쳐오고 있었다
장계에선 여기저기 기막힌 소식이 날아들었다
농민들을 부추겨 호족 세력이 반란을 주도하며
반란군의 우두머리들도 합세하고 있다는 소식이었다

한편, 들리는 소문이 다 허풍인 것 같지는 않소
호족 반란군 위세에 전국이 떨고 있다 하오
우리 반경문계 귀족들이 진작에 왕의 요청에 협력하고
토지 개혁과 조세 개혁을 통과시켜 주었더라면
오늘의 이 지경은 막을 수 있었을 텐데
호언장담하던 박씨계는 반란의 불씨를 돋운 꼴을 통감하고 있었다

생각할 일이 있을 때마다 궁궐 근처 계곡에 나간 진성은
놀란 계곡에서 물놀이하는 아이들을 바라본다

날 때부터 도둑놈이 어디 있어
벌거벗고 배고프면 도적질하는 거지
날 때부터 악인이 어디 있어
상황이 그렇게 되면 악인도 되는 거지

잠자리에 들며 불을 끄다가
저녁에 등불을 켜는 것은
어려운 때 더욱 지혜로워야 한다는 뜻이라는 말이 생각났다

진성의 예측이 맞아갔다
신라 조정이 사벌의 반란군 진압에 실패하자,
그것이 도화선이 되어 크고 작은 반란이 잇따랐다

진성이 아프다는 소식 듣고 고운은 입궐했다
진성의 얼굴이 핼쑥해졌다

폐하, 농민들은 살기 위해 죽을힘으로 싸우나
토벌군은 나라 월급 받고
나라에서 억지로 싸우라니까 싸웁니다
패한 이유는 거기에 있습니다
힘을 기르십시오
기득권 세력의 음모와
농민들의 반란 때문에 폐하가 염려되옵니다
제가 큰 힘이 되어드리지 못해 안타깝습니다
의지를 키우셔야 합니다
고민의 바다에 빠져서는 헤쳐나갈 수가 없습니다

들을 필요가 있는 것들을 내게

말할 수 있는 신하를 더 두지 못한 것은
내 부족한 탓이나
직언해 주는 그대 한 사람이 있으니 그나마…
진성은 노래로 마음을 대신했다

–나비들

내 몸은 날마다 비명을 부르며 산다
비명이 키운 풀숲의 풀벌레가 내 몸속에 산다

내가 헉헉거리며 숨을 내쉴 때마다
풀숲에서 알을 깬
무수한 나비들이 쏟아져 나온다

나비는 내 생활을 파먹으며 살이 오르고
그들이 쏟아져 나간 거리엔
위험한 공기들이 마구 돌아다니는데

온통 멍든 풀숲에서 풀벌레가 운다
아직 애벌레인 영혼에선 풀냄새가 난다

생활이란 희생으로부터 단련되는 것
내 혓바닥이 바싹 타 들어갈 때

흰나비들 미친 듯 와글거린다

깊은 밤,
불빛 속을 종일 날갯짓한 나비

고운, 고맙구료
그대가 있어 과인이 힘이 나는구료
예전의 나 아닌 더 단단한 왕이 되는구료

폐하, 매일 부딪치는 업무를 반복하지 마시옵소서
실천 가능한 우선 업무 순서를 정해
시간 배정을 하시옵소서
폐하 혼자서 일을 다 하려고 하지 마시옵소서

항아리 입구가 저렇듯
하늘을 향해 열리게 만드는 것은
하늘과 교류를 위해서지만
초월하고 싶은 욕구를 표시한 것 아니겠소
나도 비록 궁궐에 매여 있는 사람이나
늘 나의 영혼은 초월하고 싶어진다오
지금 견딜 만큼의 고통을 준다고 생각되오
내게 배역을 준 조물주에게
내 역할을 철저히 잘해 내리라고
가장 나다운 나를 연기하리라고 맹세한다오

포석정에서 진성은 최치원과 마주했다
오늘은 그대와 술 한잔 하면서
긴히 할 말이 있어 여기로 왔소
사람을 다 물렸으니
여긴 그대와 나 둘뿐이구료
난 술을 잘 못하지만
그대는 술을 아주 잘한다 들었소
자 오늘 술 마음껏 마시고
대신 한 잔마다 조언을 해주시오

헌강왕 우리 오빠, 이곳에서 놀이하고 있을 때
남산의 신이 왕 앞에 나타나 춤을 추자 왕도 따라 추었지요
이 춤으로 어무상심무御舞祥審舞라는 신라춤이 만들어졌지요

진성은 어무상심무를 덩실덩실 추었다
최치원이 보기엔 한 마리 나비 같았다

춤추는 모습이 아름다우십니다

내 왕이 아니었으면 춤꾼이 되었을 겁니다

진성의 몸은 유연하고 관능적이었다
술이 몇 차례 돌고나서 진성은 말했다

큰오빠 헌강왕이 금강령金剛嶺에 행차했을 때
북악北岳의 신이 춤을 추자 옥도玉刀금이라 했고
동례전에서 연회할 때 지신이 나와 춤추어
지백급간地伯級干이라 불렀죠
어법집語法集에선 이렇게 말하고 있지요
산신이 춤을 추고 노래 부르기를
지리다도파智理多都波라고 했지요
도파란 지혜로써 나라를 다스리는 사람이
미리 사태를 알아채고 모두 달아나 도읍이
곧 파괴된다는 뜻이지요
지신과 산신이 춤을 추어 경계한 것인데
사람들이 이를 깨닫지 못하고
상서로움이 나타난 것이라고 즐거워했지요

그대가 진골 귀족 중심의 중앙에 발붙일 곳 없다고
지방직으로 자청한 것은 도피요
이 위기의 나라를 개혁하는 일을 도와주시오

진성은 고운에게 간곡히 당부했다
교활한 적의 의도를 앞지르는 자만이 위험에서 탈출할 수 있고
늘 현명한 사람은 대책을 사전에 세워야 하지요
숲을 태우는 대화재도 땅굴 속의 쥐는 죽일 수 없는 법이지요

현인은 별을 보고 자신의 방위를 알지요
궁궐 위에 먹구름이 잔뜩 덮여오고 있어요

최치원은 말했다
선한 이가 악한 이를 이길 수 없다 하나
정직한 사람도 마찬가지입니다
자신이 자신의 섬, 피난처입니다
자신이 자신 스스로를 돕는 이입니다
자신은 자신만이 책임지는 것입니다
허나 악이 강할수록 선도 빛나는 법입니다
역사의 기록은 다 진실은 아니지만
훗날 누군가는 반드시 폐하를 알아볼 것입니다
힘을 내시고 늘 최선을 다하십시오
노력하는 가운데 길이 보일 것입니다

최치원이 시 두 편을 읊었다

–진달래

돌 틈에 박힌 뿌리 잎 마르기 쉽고
풍상에 시달리어 병들은 듯 보여지네
들국화는 가을 단장 자랑함에 맡겨두고
바위 위의 소나무 강추위 이겨냄이 부러웁네

가엽다 곱고도 외로이 바닷가에 서 있건만
뉘라서 좋은 집 뜰 앞에 옮겨다 심을까
딴 초목과는 아무래도 다르련마는
그래도 나무꾼은 분별없이 볼까 두려워

–접시꽃

쓸쓸한 잡초 속에
탐스런 꽃이 가지를 누르네
향기는 장마가 개었을 때 풍기고
그림자 보리누름에 드리우네
출세한 어느 누가 돌아보나
벌과 나비만이 찾아주네
스스로 천한 땅에 남이 부끄러워
사람들이 버림을 한탄할 뿐이로다

진성이 답했다
그대도 잘 알 것이오
889년 내 즉위 3년 되던 해 가뭄이 심하여
지방 주와 군이 세금을 바치지 않아 국고가 비었소
각 주에 사람을 보내 세금을 독촉해도
흉년을 탓하기만 했지요
지방 통제 힘이 없어지자 지방 호족 세력이 나타나

백성의 땅을 빼앗으며
사병을 키우더니 성주나 장군으로 세력을 불려
행정권과 징세권을 손에 넣어
백성들 생활을 더 궁핍하게 만들었지요
백성들은 굶어죽으나
도적질해 죽으나 마찬가지라
도적으로 전락하고 민란도 일으켰지요

좋은 방안을 나에게 만들어주시오
그대가
쇠락해 가는 이 나라를 다시 일으켜 주시오

폐하, 국운이 다해 가고 있습니다
김유신 김춘추가 살아온다 해도
신국의 운세를 뒤바꿀 수는 없습니다
사형수 이외의 죄수들을 대거 석방하고,
승려 60여 명에게 도첩을 내려봐도
지방의 호족들이 납세를 하지 않아 국고는 비어가고
민심은 거세게 흉흉해져 가는 국면이지요

꽃이 피려면 긴 겨울을 지나야 되듯
진성은 추운 시간을 견디고 있었다
진성은 신궁에 들러 기도했다
조상님, 부처님, 조물주시여, 모두 도와주세요

저에게 능력을 주세요 저에게 지혜를 주세요
적이 강하면 강할수록
선이 빛나는 법입니다

유례이사금 14년(297년) 이웃인 이서고국의 군사가 금성까지 쳐들어와
나라 군사가 맞서 싸워도 물리칠 수가 없었는데
난데없이 낯선 군사들이 머리에 대나무 잎을 꽂고 나타나 물리친 후
홀연히 사라지는 일이 있어 보니 그 대나무 잎이
대릉(미추왕릉)에 수북이 쌓여 있었다지요
무덤 속에 계신 선황폐하께서 신병을 보내 도와주셨다지요
지금 조상님, 선황폐하 신국이 위태롭습니다 도와주세요
진성은 철야를 하며 절절하게 기도를 했다
유모가 소식을 접하고 와서 어서 침실로 드시라고 권했다

진성은 거울을 자주 들여다보며
자신에게 진실해져갔다
때로는 진실이 두려워질 때도 있었다
자신의 본 모습에 마주서는 것이
두려울 때도 있었다
불편할 때도 있었다

진성은 근처 불국사에 들렀다

뜻밖에 그곳에서 탑돌이하는 고운을 만났다
이런저런 국사를 이야기하다가 당나라 사찰 이야기가 나왔다
당나라에 있을 때 고운이 가 본 천복사는 어떻던가요
순간 에밀레 종소리가 울렸다
진성은 고운을 보며 말했다
아침에 울리는 종소리는
세상 모든 것을 보살피는 관세음보살을 위한 것이고
저녁 종소리는
지하에서 고통 받는 중생을 보살피는 지장보살을 위한 것이라 하오
그대가 성덕대왕 신종소리를 듣고 자랐듯이
내겐 그대의 충언이 종소리라오

진성의 눈빛이 깊어지고 있었다

한번은 진시황제 능을 보러가다
길가 백일홍이 만개된 걸 보았지요
백일홍의 다른 이름이 자미화紫微花죠
당 백거이白居易의 시에도 나오는 꽃이죠

백일홍을 왜 상서성에 심었나요?

자미화는 북극성 북쪽에 있는 자미성인 제왕의 별이거든요
황제가 업무를 보는 상서성을 자미성이라 부르죠

당 현종이 즉위하자마자 상서성을 자미성이라 고쳤죠

뭐라?
기회를 틈타 지방 호족들이
우후죽순으로 군대를 일으키고 있다 했느냐?

네, 그러하옵니다
사벌의 아자개, 죽주의 기훤, 청주의 청길, 북원의 양길, 중원의 원회 등이
그 대표적인 세력이라 하옵니다
지방의 호족들로 농민들을 선동하여 난을 일으키고,
그 지역의 관아를 장악하는 과정을 통해 군벌로 성장하고 있다 합니다
또한 붉은 바지를 입고 도적질을 일삼던 적고적도 출현했다 합니다

허허, 참. 무슨 방도를 세워야지,
이렇게들 있으면 어찌하느냐?
모두가 조정의 힘이 약화된 때문이구나

도적도 뭉치면
무서운 세력이 됩니다
어서 막아야 합니다
어서 토벌군을 보내어 토벌하도록 하세요

어서 서두르셔야 합니다

폐하, 지방의 관리들마저 군대를 독자적으로 운영,
지방 군벌로 자리잡고 있습니다

그대들은 어떻게 관리를 했기에 이 지경이 됐단 말이오?

폐하, 통촉하여 주시옵소서
지방 관리들이 조정의 부름에 응하지 않습니다

이게 무슨 사태입니까?
지방의 군대를 차출하여
그들을 진압해야 하는 것 아닙니까?
그렇다고 많지도 않은 서라벌 경군을 동원해
반란군을 모두 칠 수도 없는 일 아닙니까?
경들은 그냥 넋 놓고 바라만 보고 있을 겁니까?
집이 불타 사라지는 위기에 그냥 바람만 탓하고 있겠습니까?
미리미리 이런 지경까지 오지 않도록 손을 써야지
다들 낮잠 자고 있었습니까?
진성은 크게 노하였다

세상 사는 일이 고달프면 진성의 몸은 정직해서
아픈 만큼 힘든 만큼 분노만큼 몸으로 말했다
아프다는 것은 일상에 쉼표를 찍어보라는 신호

풍경들도 모여 쉬고 있었다
며칠쯤 쉬면 투명한 날들이 보인다
예리한 하루 날 세운 바람들이 허공에 마구 돋아나고
아무것도 할 수 없이 열꽃을 피우는 날
진성의 잠을 난도질하는 소식들이 당도하곤 했다

며칠 동안 아무것도 먹지 못한 진성을 서리가 찾아왔다
고승도 국선과 함께 문안을 왔다
폐하, 마음을 단단하게 가지셔야 합니다
어서 기운을 내셔야 합니다
귀남은 한시도 왕의 곁에서 떨어질 줄 모르고
며칠간 밤새워 간호를 했다
서리는 신라의 운세를 읽고 있었다
서리는 엎드리며 울먹였다

폐하, 너무 자책하지 마시옵소서
신들은 폐하의 편이옵니다

침묵하던 고승도 말을 했다
이제 조정의 힘은 서라벌 주변에 한정될 것이옵니다
지방 군벌들은 서로 간에 힘겨루기를 하고 있습니다

안타깝게 바라보던 국선이 말하였다
폐하의 근심이 병을 가져와 몸져눕게 하였습니다

당나라에 사신을 보내 도움을 요청하는 것이 어떠한지요?

당치않소이다 내란에 외세를 끌어들였다가
무슨 틈을 주려고요

진성은 귀남도 물러가 쉬게 하고
혼잣말로 중얼거렸다
마음껏 상상하는 시간이 절실하다
사람에게 환멸과 절망을 느낄수록
사람이 그립다

귀남은 혼자 있는 시간이면 불경을 읽었다

9. 밤, 그리고 폭풍우 치는 밤

새가 한 마리 날아와 아침부터 운다
진성은 내내 그 새 울음소리 듣고 있었다
울 때는 그냥 놔둬야 한다
실컷 울고 나야 속이 시원해지는 법이다
그렇게 울음으로 자신을 다스리지 못하면
화가 안으로 향하면
우울병이 되거나 억울함이 된다
진성은 인생이 울음이라 생각했다

–눈물

한동안 슬프지 않아도 눈물나더니
눈물이 말라버렸다

눈물은 나의 가장 부드러운 언어
눈물은 내 감정의 독을 배출하는 하수구

눈물은 힘이 세서
눈물은 정직해서

내 눈물은 언제나 꿈꾸고 있지
눈물이 충만하던 날들은 행복했다
눈물 자국은 사람을 위대하게 만든다

눈물이 충만한 때를 견뎌냈으니
눈물이 말라버린 앞날은 사뭇 다르리라

유모, 어린 시절 궁 밖으로 나돌며 장터에서
한 노인에게 사주를 본 적이 있었지
노인이 나를 보더니 남편복 없겠구나
허나 재물운은 타고나 쓸 만큼은 있고
열정적이고 어떤 일에 몰두하는 경향이 있어
도둑을 맞거나 사기를 당하는 수가 있다 했어
허나 조상님이 도와주시고 있다고
내 그때 웃어 넘기며
운명이란 노력과 선택에 따라 달라지는 거라고 여겼지
이제 생각해보니 그 노인 말이 예사롭지가 않아
그 노인을 다시 만나보고 싶어져
평범하게 산다는 것이 가장 잘 사는 것 같아
나를 책임져 주는 한 사내를 만나 살아봤으면

892년 진성 6년 고운은 부성군 태수로 부임했다
이해 견훤이 지금의 전라도 광주지방인 무진주에서 봉기,

주변 고을을 점령한 후 완산에서 자칭 후백제라 하였고
무주의 동남군 · 현이 그에게 항복하였다

유모, 내 외로운 신세를 보게나
인생에서 피할 수 없는 건
죽음과 외로움 같아
다행은 이젠 혼자 있어도 외롭지 않다는 것
외로워야 생산적인 일을 할 수 있다는 걸
외로워야 더 많이
생각할 수 있다는 걸
내 배웠지
유모는 진성을 안타깝게 바라보았다

진성은 최치원과는
멀어지고 있다고 여겨졌다

하루는 유모와 밤하늘을 산책하고 있었다
폐하, 저 별과 달이 아름답지 않나요?

유모, 아름다움을 지키는 방식은
소유하지 않는 것이지요
저 별처럼 저 달처럼 거리를 두는 것이지요

진성은 아름다움에 병든 사람이었다

아름다움에 허기진 사람이었다
아름다운 것들은 어느 시대에나 통한다
선해지는 것보다 아름다워지는 게 더 낫다고 생각했다
아름다움은 진실과 같은 이름이라고
아름다움은 미덕과 하나라고
아름다운 육체뿐 아니고 고결한 영혼도 아름다움 그 자체라고

만나지 않아도 그리워할 사람이 있다는 것만으로도
내 이야기를 들어줄 사람이 존재함으로
온전하게 충분히 행복하고 따스해집니다
사람으로 인해 이렇게 살만하고
사람이 다시 용기와 시작할 힘을 줍니다

진성 혼자 저녁뜰을 거닐고 있었다

어, 저기 민들레 홀씨 좀 보세요
저렇듯 짓밟히는 속에서도 살아나
다시 제 씨앗을 널리 퍼트리고저
온몸으로 일어나
제가 할 수 있는 한 최대한으로 제 몸을 늘여 세워
가볍게 부풀려
바람을 기다리고 있잖아요
더 많이 더 멀리 제 종을 퍼뜨리고 싶어서요

진성은 거타지가 온 것을 알아차렸다
폐하가 혼자 계시는 것이 마음에 걸려 왔습니다

과인은 혼자도 잘 논다오
고독은 내 마음의 고향이라오
눈에 보이지 않는 것을 마음의 눈으로 보면 보이지요
들떠 있는 마음을 가라앉히고
고요하게 자신의 목소리를 들어 보아요
그 목소리에 풀벌레 소리도 들어 있고
꽃봉오리 만개하는 소리, 개구리 교미하는 소리
고양이 발정 난 소리, 귀뚜라미 책 읽는 소리
어느 집 아기 울음소리 다 들어 있지요

누구 마음이 어두워 이렇게 밤은 온답니까
폐하, 달도 탐스럽게 피어나고 있습니다

그날 밤 달빛이 오래오래 진성의 방에 머물다 갔다

거타지는 자신의 이야기를 들려주었다
당나라로 사신을 떠나는데 해적들이
진도에서 뱃길을 가로막고 있었지요
궁수 50명을 뽑아 그를 따르게 했지요
일행이 탄 배가 곡도에 이르렀을 때,

갑자기 풍랑이 거세게 일어나고
그날 밤 한 노인이 사신의 꿈에 나타나 말했지요
활 잘 쏘는 군사 한 사람을 이 섬에다 남겨 두고 가면
순풍을 만날 수 있으리라
홀로 섬에 남은 제가 산신령부탁으로 사미沙彌를 쏘아 죽였지요
서해의 신은 딸을 꽃으로 바뀌게 해 제 품에 넣어주고
용 두 마리로 절 호위하게 하니
당의 황제가 신라 사신은 비범한 사람일 것이다
연회 베풀고 금과 비단을 주며 좋은 대접을 하더군요
귀국 후 품에서 꽃송이를 꺼내니 지금의 아내가 되었죠

진성은 계원필경을 읽다가 함양에 있다는 고운을 생각했다
수없이 생각해 보아도 학문하는 것만 못합니다
평생에 노력한 것이 오히려 헛될까 두려워서
출세의 길에 경쟁하지 않고
다만 유교의 도道를 따랐습니다…
오직 도가 장차 없어지는 것을 근심할 뿐
어찌 사람들이 나를 쉽게 알아주지 않음을 말하겠습니까?

최치원의 남다른 철학과 정신을 읽으며 중얼거렸다
시문詩文도 욕망이지요
문인들은 산과 같아요
그저 혼자 고독하게 높아가는구료

바다나 구름이나 새와는 친구가 되어도
다른 산과는 친구가 되지 못하는구료
독보적인 자기 세계를 구축한 산과 같소
그 속에 숱한 나무와 꽃을 거느리며 존재하는,

폐하, 저는 나무를 심고 있지요
유상곡수로 풍류를 즐기는 것보다 나무를 심어
홍수나 가뭄을 대비하려 하는 것이죠
늘 백성들이 나무를 닮고 나무처럼 살기를,
나무를 안아보니 참 따뜻합니다
최치원의 음성이 환청으로 들리는 듯했다

한편 박수무당이 궁예에게 말하고 있었다
새로운 세상이 도래할 것이오
청해진 대사 장보고에게 의탁하고 있던 김우징은
민애왕이 희강왕을 자진케 하고 왕위를 차지하였다는 소식을 듣고
왕경으로 쳐들어가 민애왕을 몰아내고 즉위하였소
신무왕의 즉위는 무력에 의한 찬탈이오
그가 왕군보다 우세한 장보고 군사력을 지원받은 것이
성공의 가장 직접적인 힘이었소
새로운 세상에서 당신의 미래를 펼치시오
신라 왕실과 혈연적 관계없는 인물이란 점,
장보고 딸을 왕비로 납비納妃하려 하였다는 점은

골품제가 마침내 무너지고 있다는 걸 뜻하오

다시 혼자가 된 진성은 창을 열고 신선한 공기를 마시다가
높은 담 위로 뻗어 올라간 담쟁이 넝쿨에 눈이 머문다
믿음이란 자신의 나약함을 철저히 인정하는 것
자신이 강하다 생각한다면
한 발치도 올라갈 수 없는 담쟁이 넝쿨은
자신의 나약함을 인정하며 담에 꼭 달라붙는다
강풍이 불어도 버티어 나가는 담쟁이 넝쿨
나비의 날갯짓이 태풍을 일으킨다는데
뒤뜰로 간 진성은 산책을 하며 명상에 잠겼다

남자의 마음은 직선을 향하고
여자의 마음은 곡선을 향한다

나비는 아름다움을 찾아다닌다
아름다운 것은 다 차지할 수 없다
꽃들은 어여쁘니 누구든 사랑하겠지만
저 붉은 색의 깊이를 헤아려 주는
나비 벌이 몇이나 될까
벌이 떠나고 나비가 떠난다
어느 벌이 어느 나비가
꽃의 마음을 얻고 다녀가는지 아는가
바람이 불지 않는데도 꽃이 흔들린다

나비가 앉아 있다
바람이 불어온다
꽃이 흔들린다
나비가 다시 꽃을 떠나간다
꽃에 꼭 나비가 필요한 건 아니다
바람이 불어도
빗물이 스며들어도
새가 열매를 먹어도
꽃은 수정을 한다
나비도 꽃도 욕심을 부리면 안 되지
내 가던 꽃이 지면 다른 꽃에 앉으면 되고
꽃이 색이 진하고 향기가 진하면 나비가 더 고이는 법이지
세상에서 가장 비참한 건 하루하루 밥걱정하는 이들
거처할 집이 없어 거리에서 자는 이들
내겐 그 비참함을 해결하지 못한 시간이 비참한 것

당 소종昭宗 경복 2년 사신인 병부시랑 김처회가 바다에 빠져 죽어
곧 추성군 태수 김준金峻을 고주사告奏使로 당에 보냈다
이때 부성군 태수로 있던 고운에게 신년을 축하하는 사신으로 소환,
893년(즉위 7년) 고운은 당 파견 하정사賀正使에 임명되었으나
매년 흉년들고 도적이 횡행, 길이 막혀 가지 못했다

가끔 고운은 멀리 밤하늘에 뜬 별을 보며
궁궐 쪽을 보며 중얼거렸다

폐하, 오늘 산에 올랐습니다
혼자서 긴 산길을 밟았습니다
지금의 힘든 고비만 넘기면
반드시 결실을 맺을 겁니다
시련 없이는 위대함도 없습니다
승리하십시오

894년 그해 궁예가 독립하여 장군이라 자칭하였다
달이 점점 기울고 있었다
그날 밤 진성은 악몽을 꾸다가 한 목소리를 들었다
지금 당장 개혁하지 않으면 나라는
반드시 망하고 말 것이다

그렇다면 왕으로서 팔짱끼고 앉아 바라보고만 있을 것인가
나라를 경륜하고 도탄에 빠진 백성을 건져 낼 방책을
마련해 보시오

진성은 다시 최치원을 불러들였다

894년(즉위 8년) 봄 2월

지금 전라도 옥구 지방인 문창구의 태수였던 고운은
왕께 시무10여조를 진상했다
진성은 크게 기뻐했다
천하를 얻은 듯 든든했다
진성은 최치원을 6두품 최고 관직인 아찬에 봉했다

한편 경쟁자들인 귀족은 고운의 아찬 임명을 반대했다
우리에게 도전하는 세력은 모두 없애야 하네
어찌 감히 6두품들이 우리 진골을 상대한단 말이오
우리가 심은 첩자를 모두 이용하여
시무10여조 실행을 막아야 합니다
왕과 백성을 이간질하는
반간계反間計를 써서라도
개혁안이 절대로 시행되지 못하게 해야 합니다
이미 진성왕과 고운은 이빨 빠진 사자와 같소이다
우리가 더욱 호족세력과 연대합시다
왕의 권위가 땅에 떨어진 독수리 같사온데
고운 아니라 신이라도 이 지경에선 먹혀들 수가 없지요
독 안에 든 쥐가 어쩌겠습니까
시간이 말해줄 것입니다

국학을 통한 유학 교육을 강화하는 방안과
진골 귀족의 왕권에 대한 거센 도전을 마는 방안,
6두품의 젊은 신진 유학자 중심으로

신분보다 능력을 우선으로 인재를 뽑는 방안에
진골 귀족들의 반발이 거세졌다

고운은 분노했다
참으로 답답하고 안타깝습니다
나라의 지도층이라는 사람들이
입만 열면 시정잡배들도 하지 못할
온갖 천박한 말을 거침없이 내뱉고,
털끝 하나 병들지 않은 분야가 없습니다
시무10여조가 하루 빨리 시행되어야 합니다

과인도 이번만큼은 절대 물러서지 않겠노라
과인은 이번 안이 통과될 때까지
단식을 할 것이다

단식이 길어지면서 진성은 건강이 악화되었다
고운과 귀남이 달려오고
고승과 국선이 달려와도 의지는 단호하더니
시무10여조가 늦게나마 수용되었다
분명히 위기의 시대인 신라 후기 시대는
정신의 산물이 필요했다
하루아침에 신분제는 타파하기 힘들었지만
농사짓는 토지를 고루 나누어 주었다
농지개혁을 단행하였다

하루는 고운의 얼굴에 굳은 결심이 흘렀다
점차로 하던 일을 거두고
이제는 마음공부에 힘쓰고 싶습니다
부패한 세상을 개혁하고
민생을 구제하고 싶던 마음을 놓지 못하면서도,
저 자신, 공부에 대한 욕구를 멈출 수 없습니다
바깥일에만 마음이 치달리니,
어찌 두려운 일이 아니겠습니까
다만 고요히 앉아 마음을 맑게 하다 보면
세간의 잡념이 어지럽게 일어나
무엇 하나 제대로 파악할 수가 없으니,
마음공부로는 저술보다 나은 게 없는 것을 깨닫습니다
고독과 외로움이 저의 밥입니다

최치원은
스스로 관직서 물러나 야인으로 살기를 청하러 왔다
은혜를 입고 어려운 시절 견딜 수 있었습니다
늘 건강하고 행복하십시오

진성은 자신처럼 고운의 깊은 절망을 읽었다
떠나는 최치원을 기꺼이 보내주면서
마음에 나무 한 그루를 심었다
떠나는 것 외엔 다른 방도가 없었다

최치원이 바라는 대로 해주고 싶었다
내 영혼을 환해지게 해주는
그대에게는 좋은 사람이 되고 싶은,
세상에서 가장 중요한 때는 바로 지금, 이 순간이고,
가장 중요한 사람은 지금 함께 있는 사람이고,
가장 중요한 일은
지금 내 곁에 있는 사람을 위해 좋은 일을 하는 것
그것이 세상에서 가장 중요한 것
진성의 눈빛이 말해 주고 있었다

왕이 된 만큼 외롭습니다
왕이 된 만큼 아픕니다

고운은
산사를 다니며 시를 읊는 것으로 시름을 잊었다

–겨울날 산사에서

절집 찾아들어 잠시 쉬어보니 가진 생각 솟아오네
계곡과 산마다 이런 경치는 없을 것 같네
아름다운 곳 오래 머물 수 없음이 슬프고
내 집에 돌아갈 일 잊고 한가히 시를 읊어보옵네
스님은 샘물줄기 찾아내어 얼음 헤치고 물 길어오고

학들이 나무 끝에서 일어날 때마다 눈발이 날리네
일찍이 시와 술을 벗 삼고 흥 누린 도연명 접했다면
세도의 명리를 나도 잊었을 것 아닌가

진성은 명상하면서 마음을 다스리고 있었다
나는 예전의 나로 돌아가지는 못할 거야
생리를 하고 여자의 몸으로 살게 되는 시간
내 뜻대로 할 수 있는 일이 별로 없는
이 여행에 끝은 없고,
무엇이 되고 싶은지 아무도 묻지 않았어
아침이 두 번 다시 오지 않을 것만 같을 때도 있어
차를 마시면 차 한잔의 맛 속에
누군가 내 삶을 대신 살고 있다는 느낌이 들고
누군가 내 교의交椅에 앉아 내가 할 일을 한다는 생각이 들고
내가 너무 멀리 왔다는 생각도 들고
저 나무들처럼 반복되는 영원한 삶을
그래도 삶은 계속된다는 것
진성은 창문 밖으로 눈을 돌렸다
어두워지는 창밖으로 누군가의 밤이 오고 있었다

–밤

하늘이

자궁 속,
불임된 생리혈을 바다로 쏟아낼 때
바다는 하늘과 한몸이 되고
자궁은 또다시
제 속에 물컹한 어둠을 키운다
만삭의 하늘은
제 안의 단단한
어둠의 껍질을 뚫고
별을 낳고
달을 낳는다
어둠의 껍질은 어디론가 떨어져 나와
이름도 얻지 못하고 우주 속을 떠돌아다닌다
자궁 속에서 어둠과 빛이 서로 섞여 있다가
배란기가 되면
어둠은 찬란한 붉은 빛을 낳는다

10. 모진 바람에 도토리, 떨어지다

-눈이 내리는 밤

펄펄 끓는 하늘에서 내려와
내 손바닥에 뜨겁게 쓰이는 글씨들

한 문장 한 문장 읽을 때마다
내 몸도 조금씩 뜨거워진다

차갑기만 하던 세상이
후끈 달아오르는 소리,
깊은 적막을 흔들고 있다

몸속 상처가 뜨거움에 다 녹아내리고 나서야
내가 찍고 가야 할 길이
훤히 보이는 밤

진성은 눈을 하염없이 바라보았다
초아 궁녀가 곁에서 말했다
폐하, 때 이른 눈이 옵니다
곁에서 눈을 바라보던 귀남이 말했다

제40대 애장왕 말년인 무자년(808년) 8월 15일
눈이 내렸지요
제41대 헌덕왕 원화 13년 무술년(818년) 3월 14일에
큰 눈이 왔지요
제46대 문성왕 기미년(839년) 5월 19일에
큰 눈이 내리고 8월 1일에 온 세상이 어두컴컴했지요
이는 이상 징후의 상징인 듯합니다

어느 날 진성은 고승을 찾아 갔다
백성이 나라를 못 믿고 자기 살길을 찾다보니
흙먼지바람이 강하게 일어나 전국을 뒤덮고 있는 거지요
백성이 나라를 믿지 못하므로
화합이 안 되고 있지요
백성의 마음을 비우게 하려면 무엇보다 위에 있는 사람들이
솔선수범하는 길이 가장 빠른 길,
옛 신국이 삼국 가운데 가장 후진국이었지만
옛 지도층의 솔선수범으로 삼국을 통일할 수 있었지요

어찌해야 백성들의 신뢰를 살 수 있습니까
겸손해야 합니다
겸손하다는 건 최선을 다하는 겁니다
또한 이전 정권을 송두리째 부정해선 안 됩니다
그러면 백성은 나라를 신뢰하지 않지요

지금 신분으로 나이로, 파벌로 빈부로
서로 등을 돌리고 있어요
그럼 만나서 토론을 해야 하지 않을까요

토론하면 할수록 더 멀어질 뿐이지요
어둠이 스스로 어둡지 않고 밝음 때문에 어둡고
어둠의 정도도 밝음이 변화함으로 어둠이 바뀌는 법이지요
대립 투쟁하는 마음에 집착하면 자신은 옳고 남은 틀렸다고
배척하는 마음을 갖게 되는 법이지요
어느 하나에도 얽매이지 않으면 평온하여 부처가 되지요
마음의 화합이 중요한 일이지요
선도 생각하지 말고 악도 생각하지 말라는 말이 있지요
하나를 얻으면 또 다른 하나를 잃고
선을 생각하면 반드시 악이 불청객으로 따라오므로
본성으로 돌아가야 합니다
탐욕의 노예는 되지 않아야지요

한편 고운은 가끔 바다에 나가 바다를 바라보며
어부가 잡아 올리는 그물을 바라보며
갈매기가 잡아먹는 물고기를 바라보며
해녀들이 소라를 따오는 것을 마주하다가
바다는 그 안에 무엇이 있기에 이토록 쉬지 않고 출렁이는지
바다는 고요하지가 않구나
바다 앞에서 우두커니가 되다가 돌아가곤 했다

가끔 등산을 하기도 했다
산을 홀로 오르거나 벗들과 혹은 제자들과 오르기도 했다
왕과 두어 번 주왕산을 올랐던 기억이 났다
왕이 자기 세계에 몰입하는 사람들이 아름답다고
했던 말도 떠올랐다
여름이 가고 또 가을이 왔다

고운으로부터 편지 전갈이 왔다

폐하, 늘 웃는 얼굴이 환하고 아름다운 분이시여!
어떤 시련 앞이라 할지라도 웃음은 놓치지 마세요
우리가 아주 지치지는 않는 것은
우리 마음속 어딘가에서 새잎을 준비하고 있는 까닭입니다
저 푸른 새잎 갈망하는 눈으로 가을을 견디시길,

과인이 오랜만에 세상에서 가장 따스하고
힘나는 마음을 줍습니다
바라는 것이 많을수록 힘든 삶이 되지요
이젠 다 내려놓을 준비도 되어갑니다
진성은 편지를 덮고 노래를 불렀다

—늦은 손님처럼

뜨거운 여름을 건너온 눈빛
버려져 있는 뻘밭 포근히 감싸고
빈 교의交椅들마다
뒤늦은 손님처럼 햇살이
물고기처럼 파닥거리고

제 몸이 지우개가 된 파도는
제 몸이 지우개가 되어
모래밭에 찍힌
무성한 여름 이야기를 지우고 있다

물미역 같은 바람들
걷어내고 푸른 수평선을 걸고 싶다

살기 편하면 사람은 순해지고
살기 어려워지면 사람은 포악해진다
유난히 바람 불고 추운 날들 속
자고 일어나면 폭력의 아침이 얼굴을 드러낸다
사람들은 방향을 잃고 짐승과 같아졌다
연일 싸우다 죽은 시체가 들판을 가득했다

진성과 귀남은 불당에 가는 날이 늘어갔다
내 재위 4년 해무리가 다섯 겹으로 지었는데
천하에 전쟁을 암시한 것을 몰랐구나

폐하, 저는 다시 태어나면 비구가 되고 싶습니다
순간 귀남이 비구가 되려 한다는 걸 직감했다

신라 사람들은 소나무를 아주 좋아했다
솔바람, 솔향기, 솔잎차를 다 좋아했다
진성은 피부병 치료를 위해 해운대 바다를 갔다가
바닷가 해송을 보면서 시를 지었다

–해송海松

그녀는 낭만주의자다
바다를 지나는 구름을 불러다 잘 놀고
끊이지 않는 바다의 소음을 음악으로 듣는다

지루한 삶의 비밀을 알아버린
캄캄한 날들 속에서도
달빛이 쏟아지는 밤을 무한히 사랑한다

세상에서 지고 예와 뿌리내린 것이 아니어서
굳은 심지의 뿌리를 바위에 내린
마음의 가지는 허공을 부드럽게 휘어간다

일편단심 바다만 사랑하는 그녀
노을과 수평선을 저만치 두고
햇살을 향해 가지를 뻗는다

바람 많은 곳에 살면서
제 한몸 기꺼이 마을로 가는
바람을 막아보려 애쓰며
그녀는 사계절 푸르게 산다
쉽게 잎을 물들이지 않으며,

진성은 진실은 결코 단순하지 않다는 것을 알았다
모든 집착은 괴로움을 불러온다
괴로움을 없애려면 집착하지 않으면 된다
왕권도 내 집착하지 않으련다
우리가 살 만한 것은
날마다 일상이 매분 매초 다르다는 것이다
변한다는 것이 살아간다는 것이다
흘러가는 시간을 그냥 내버려 두면 되는 것이다
마음도 생명도 다 변한다
사랑해, 하는 순간 벌써 다른 사랑을 꿈꾸거나
정인情人을 사랑하면서 다른 사랑을 꿈꾸기도 한다
냉혹한 생의 비밀을 알았다

모든 것은 사라지고 시들고 소멸하는 운명

시작은 아무 의미도 없다
시작은 거짓말을 하기 때문이다
벌과 나비가 이 꽃 저 꽃 날아다닌다고
벌과 나비를 탓한 적 있더냐
잠깐 앉았다 가기도 하고 오래 머물다 가기도 하고
꽃의 마음을 얻고 가는 나비가 있으리라
꽃이 의미 있게 해 주는 벌도 있었으리라
내 사랑을 믿지 않으리라
내 권력을 믿지 않으리라
9년 6개월 근 10년을 왕의 자리에 있었으면
너무 오래 했다는 생각이 든다
내 언제든 물려주리라
자리 같은 것에 연연해하지 않으리라
내 스스로 강해져서 나를 책임질밖에
이제 남은 생은 조금 먹고 작게 살리라

시간의 허허벌판에서 피어나는
저 들에 핀 꽃은 완전해 보인다
나도 피고 질 때를 알아 가는 것 같다
인생 목적이 권력은 아니었다
내 인생의 목적은 영혼의 진화에 있다
피를 말리는 시간을 보내며
나의 미래가 두렵다
허나 이 시간 난 겸손을 배운다

미래를 두려워하면 어떻게 오늘을 살까

난 내가 제때 못 챙기고 다른 이에게 맡겨버린
그래서 제때 챙기지 못하고 제때 조치를 취하지 못한
시간을 겪고 있는 것이다

내 왕의 갑옷을 벗어내고 나면
감옥의 궁궐을 나가고 나면
내가 하고 싶은 대로
내 맘대로 살리라
천천히 느리게 살리라
단순하고 소박하게 살리라
마음 하나 내려놓고 나니
마음이 변하니 편안해진다

최치원의 시 :

–어떤 중에게

저 중아 산이 좋다 말하지 말게
산이 좋다면서 왜 다시 산을 나오나
저 뒷날 내 종적을 시험 삼아 보게
한 번 들면 다시는 안 돌아오리

최치원이 키우던 개는 짖지 않았다
주인이 침묵하기 때문이다
최치원은
태어나지 않는 게 최고의 축복이라고 생각하며
잠을 청했다
고운은 세속과 관계 끊고 자유로운 몸 되어
산, 숲 속, 강 바닷가에 대와 정자를 만들고 솔과 대를 심으며
서적을 많이 쌓아두고 자연을 노래하며
경주 남산과 강주의 빙산氷山과 형주의 청량사와 지리산 쌍계사,
합포현의 별장들을 유람했다

어느 날이었다
해인사를 막 올라가던 고운의 눈이 커졌다
어이구, 이게 누군가! 귀남 공 아니신가?
폐하께오선 옥체 편안하신가?
입산하려고 여기 있는 스님을 뵈러 왔습니다
아, 그렇군. 그럼, 입산일이 언제인가?
폐하는 아시는가?
귀남은 고개를 흔들며 얼굴이 어두워졌다
폐하가 워낙 강건한 분이니 말씀드리게나

한편 귀남은 국선을 찾아가

자신의 입산 날을 전하고
폐하를 절절하게 부탁했다

초아 궁녀는 이 소식을 진성에게 전했다
진성은 올 것이 왔구나
심장이 아팠다
어찌 사나, 캄캄해졌다
세상에 영원한 것은 없지
스스로 위로하며
이별하는 마음을 대비했다

진성에게 마지막 인사를 하러 왔다
폐하, 용서해 주시옵소서
끝까지 폐하를 보필하지 못하고
입산하려고 합니다
불경을 열심히 공부해보고 싶습니다
진성은 두툼하고 큰 귀남의 손을 잡았다

세상이 하도 어수선하니 과인 곁에 있어도
내 그대의 미래를 책임져 줄 수도 없구료
늙어도 아파도 스님들이 보살펴줄 것이오
혼자서는 살 수 없는 게 사람이지
허나 절도 또 다른 속세일 터이니
힘든 일 있으면 부처님께 의지하오

공부도 다 때가 있는 법
대신 훌륭한 스님이 돼야 하오
괴로운 중생들 구제해주는 큰 스님…
귀남은 가야산 해인사로 들어가 머리를 깎았다
진성은 공空을 깨닫게 된다면
모든 집착을 버리면
평화로운 마음으로 있는 그대로를 볼 수 있을 거라고
붙잡고 싶다가도
아무렇지 않은 듯 귀남을 보내주었다

하루는 진성의 꿈속에 어머니가 나타났다
손을 내밀며
낡은 수레는 수선해야 다닐 수 있단다
자, 꽃이 가득한 이 수레를 타렴 나와 함께 가자
진성은 어머니와 함께 꽃수레에 올라탔다

895년에 진성은 헌강왕의 서자 요를 태자로 삼아,
왕실의 기강을 다잡기 위해 안간힘을 썼다
견훤은 892년 완산주(전주)를 도읍 삼아 나라를 세우고,
국호를 백제(후백제)라 선언해 후삼국 시대의 서막을 올렸다
궁예는 896년에는 송악의 호족 왕융을 받아들여 철원의 태수로 봉하고,
주변 세력을 흡수하기 시작했다
그 무렵, 서라벌 서남쪽에서는 적고적이 설치고 다녔다

태자인 요가 나랏일을 맡을 수 있을 만큼 성장하였구료
요는 헌강왕이 사냥하러 나갔다가 길가에서 여자를 보고
이내 그녀를 사랑하여 가마에 태우고 같이 사냥을 즐기다
그 여인과 하룻밤 보내 낳은 아이지요

폐하가 하신 말씀이 생각납니다
나의 형제자매는 뼈대가 남들보다 다른데 이 아이 등에도
두 개의 뼈가 불룩하게 솟았구나 요는 헌강왕의 아들임에 틀림없다
하시며 태자로 삼아 동궁에 살게 하셨지요

부호 부인이 내게 왕실의 안전을 위해 귀뜸해 준 거죠

폐하께서는 문성왕의 후손인 김효종에게 요의 누이를 시집보내셨지요
김효종이 화랑으로 낭도 천여 명을 이끌고 있어
유사시 김효종이 거느린 낭도들이
왕실의 안전을 책임질 수 있도록 하신 거지요
또한 폐하께서는 새로운 실력자로 등장한 박씨에 관심을 두고
박예겸의 아들인 박경휘(신덕왕)에게 요의 누이를 시집보내셨지요

국선이 찾아오자 진성은 함께 식사를 했다

식사는 잘하십니까
식욕을 가진 사람은 살아갈 의욕을 가진 겁니다
살아갈 의욕을 잃은 사람은
제일 먼저 미각을 잃지요
곡기를 끊는 법이지요

난 지금 왕성한 식욕을 감당하고 있어요
먹어도 다시 금방 배가 고파져요
하지만 뚱뚱해진다는 건 외롭다는 거라지요
그래서 열심히 산책도 하고 운동도 하고 있어요

장안에는 폐하가 우울증 걸렸다는 소문이 파다합니다
하도 마음 쓰니 원형탈모가 생기긴 했지요
풍문 따위에는 상관하지 않습니다

폐하는 워낙 강건하신 분이라 마음이 놓입니다

헌데, 어찌 그렇게 복스럽게 먹습니까?

—혀

가장 천한 것도 혀요
가장 귀한 것도 혀라 하지만

사랑을 나눌 때 혀는 특별한 성감대
점막피부로 되어 있고
신경이 밀집돼 있어
혀가 가장 예민해질 때는
사랑하는 이의 혀가 닿았을 때
와인을 음미하듯 널 음미해
식욕이 좋은 사람을 난 사랑해
늘 복스럽게 먹는 사람을 좋아해
아무것도 먹고 싶어 하지 않는 사람과는
오래 갈 수 없어
사랑은 함께 먹는 것

세상에서 가장 듣고 싶은 소리는
폐하의 그 당당한 노랫소리입니다

과인은
책 읽는 소리처럼 아름답고 좋은 것은 세상에 없다 여기오
사람 집에서는 책 읽는 소리가 잠시라도 끊겨서는 안 된다오

독서를 열심히 하느냐 아니면 끊느냐는
세상의 형편과 함께 가는 것 같습니다
정치가 제대로 되고 백성들이 삶이 안정될수록
온 천지에 책 읽는 소리 가득하겠지만,
정치가 엉망이어서 삶이 어렵고 힘들어 지도자를 탓하게 되면

책 읽는 소리도 줄어들게 마련이지요

화창한 봄날 꽃이 만발한 곳에 자리를 깔고
따스한 햇살에 기분 좋게 깜빡 졸다가 깨어났다
하늘은 음산하고 진눈깨비가 추적추적 내린다
봄의 한가운데서 낯선 풍경,
질척거리는 길 한가운데 서서
다 부질없어라
진성은 이제야 비로소 고독한 시간에서 세상에 눈을 뜬다
세상에서 벗어나 보니 비로소 자신이 보인다
세상의 뼈만이 드러나 보인다
연애에도 무관심해지고
연애의 설레임 그 자리에
고요함이 들어선다
번거롭지 않아 좋다
죽음이 다가오니 비로소 난 자유를 얻은 것 같다

–산비둘기

한낮의 중심에서
산비둘기가 울고 있다
구국 구국 구구국
우는 이가 있다

달랠 방법이 없다

울음 멈출 때까지 기다려 주는 일밖에
울지 마라고 할 수 없었다
그냥 곁에서 그 울음 듣고 있다

산 아래 강물이 흘러가고 있었다
흘러가는 시간을 흘러가는 인연을
막아둘 수는 없었다
자신을 지치게 하면 그곳이 어디든
떠나고 싶어진다

다 울어버리고 나면 웃을 수 있을 것이다
다락방에 든 한 줄기 빛처럼
좋은 소식이 함박눈에 날아온다

연애에 무관심해진 것이 좋은 것이다
어렴풋하게 보이던 바다가 아름다워지듯이
사람도 사랑도 눈에 보이지 않을 때
아름다워지는 것이다
인간이 늙어가는 것은 축복이다
조용히 사라져 가는 일은
꽃잎이 떨어져 내리는 일과 같다

진성은 혼자 중얼거렸다
가을이 저물어가듯 생도 저물어가고
저물어 간다는 건 더욱 알차진다는 것
대추알도 사과알도 은행도 감나무도 알차지고 있구나

이제 모든 쾌락이 사라지니 진정한 쾌락이 왔다
살아갈수록 나는 어두워지고 있다
사람은 혼자가 된다는 것을 두려워하는 것이다
고독을 두려워하는 사람은 기대할 만한 사람이 못 된다
진성은 향일암을 올라 노래했다

–향일암 가는 길

아, 왜 좋은 풍경 앞에선 당신 생각이 나는지
아왜나무 앞에서 당신 없는 빈자리를 느끼다가
죽어서도 천 년 살아서도 천 년을 산다는
주목나무를 내 가슴에 심습니다

후박나무에서 청띠제비나비가 날아갑니다
청띠제비나비가 후박나무 잎 뒤에 알을 낳은 후
그 잎을 갉아먹으며 자라나 나비가 되듯
당신의 생각을 갉아먹으며 나는 성장합니다

어떤 바람기도 어떤 소금기도 다 이겨내고
피는 해국 한 송이 앞에서 오래 머무르다
늘 내게는 해 같은 당신을 향한 걸음을 옮깁니다

꽃무릇을 보았습니다
한 비구를 사랑하다가
그만 꽃이 되었다는 한 여인을 생각합니다

진성이 원하는 것은,
그것이 어떤 삶이든 마음을 다해 사는 삶이었다
예술은 영혼에 묻은 일상의 먼지를 씻어내 준다
진성이 빠질 수 있던 건
해방감 때문이었다
자신의 정체성과 상대와의 친밀감을 맛보았다
멋진 사람은 다 미쳐 있다고 생각했다

이제 진성이 세상에 믿을 건 적막뿐
진성의 눈빛은 말하는 고요였다
정적 속 진성의 숨소리가 소음이 되고 있었다
진성은 혼자 중얼거렸다

저들은 해학이 없어
해하이 없다는 건 자유롭지 않다는 것
여유롭지 않다는 증거

진성이 이생에서 남은 시간이 얼마 남지 않은 듯
진성의 호흡이 점점 가빠져 가는데
진성의 머릿속으로 그리운 기억들이 떠올랐다
귀남과 고운의 말들이 잠깐 귓가를 지나갔다

세상에서 가장 아름다운 일이 사랑에 빠지는 일이지요
사랑에 빠지면 미쳐야 사랑을 하지요
현재를 즐기시옵소서
한창 사랑하기에 좋은 때입니다

고통을 즐기시옵소서
정사政事를 혼자 다 하려하지 마시고 사람을 두고 하십시오

하지만 진성의 마음속에 위홍의 모습이 오래 떠올랐다
늘 폐하를 가까이서 보위할 화랑과 최치원을 곁에 두소서
저, 위홍은 지금 죽어도 여한은 없습니다
폐하의 곁에서 다 보필하지 못해 그것이 한입니다
진성은 위홍의 손을 잡았다
폐하는 타고난 성품이 강하나
모질지 못하여 혹여 힘들지 않을까 우려됩니다
위홍의 심장이 멈췄다

위홍이 죽자 국상처럼 예우 상주가 되어 위홍의 장례를 치르

면서
진성은 눈이 붓도록 울었다
상여가 대궐 구석구석을 돌며 작별할 때
어전 앞에서 상여가 한동안 움직이질 않았다
진성이 친히 나와 상여 한 귀퉁이를 붙잡아 주자
그때서야 상여가 다시 움직이기 시작했다
진성은 크게 오열했다
시들은 꽃은 봄이 되면 다시 꽃을 피우는데 사람은
한번 시들면 흙이 되어 영 오지 않는구나

한편 귀남은 안부편지를 전해왔다
진성은 아주 반가웠다

늘 먹는 산사의 음식과
절을 많이 하다보니 무릎도 아프지만
무엇보다 힘든 것은 성욕,
그 욕망을 참는 것이
가장 힘들다고 했다

진성이 위독하다는 전갈이 와 있었다
최치원은 혼자 중얼거렸다
폐하, 저를 쓰지 않았더라면
더 힘 있는 사람을 만날 수 있었을 것을,
폐하는 제가 만난 사람 중에

가장 선하고 열정적인 분이셨습니다

옛말에 사람을 믿지 않으려거든 애초에 쓰지도 말라 했다
사람이 신의가 없어지면 무엇에 쓴단 말입니까
사람이 재산입니다
그렇게 말씀하시던 폐하는
불의를 참지 못하고 정 많고 진지했던 분이셨습니다
최치원은 먼 북궁을 하염없이 바라보았다

–눈 오는 날

눈에 익은 얼굴 눈 속에 쌓이고
거리에도 사막이 사라진다

세상의 싸움들 덮듯이
내가 알게 모르게 지은 죄도 덮듯이
눈은 용서하라, 용서하라
탐스런 말씀이
저리도 어둠을 건너왔나 보다

순한 얼굴 되어
소슬한 햇살 솎아내고
많은 생각들도 지우고

천천히 경청하는 날

이런 날 아침,
흑백밖에 구분할 수 없는 개 되어도 좋다

왕위를 내놓고 북궁北宮에서 거주하다가
진성왕은 돌이킬 수 없는 병마에 시달리고 있었다
진성은
아주 단순하고 소박하게 살았다
평소에도 남의 탓을 하지 않았다
스스로 자리에 집착하지 않고
왕의 자리를 물려준 건 불심과
여성의 부드러움과 내면의 힘이었다
오직 백성과 나라의 부국과 안정만 바라며
큰오빠 헌강왕의 서자(효공왕) 요에게 자리를 물려주었다
혜공왕 이래 국왕이 피살되거나
자결하는 등 신라의 혼란은 오래되었어도
스스로 양위한 임금은 그녀가 처음이었다

요는 잘 듣거라
유능한 인재를 가까이 하라

요, 나는 오빠 정강왕의 유언에 왕에 올랐다

물론 아버지 친동생이며 상대등이던 위홍 삼촌이 있었으나
오빠 정강왕은 아버지 경문왕의 직계 후손들이 왕위를 계승하길 바랐다
큰오빠 헌강왕(49대)이 광계 3년 7월5일 세상을 떠날 때
요는 아직 돌도 되지 않았다
둘째오빠 정강왕(50대)이 1년도 지나지 않아 또 떠날 때
요는 너무 어려 정사를 돌볼 수 없었다
세자 요는 내 말을 알아듣겠는가

조정에 자기 지지기반을 확보하여야 한다는 말, 명심하겠습니다
인재 말고 또 무엇으로 어려운 정국을 해결했는지요?
요의 눈동자가 반짝거렸다 진성은 기운이 쇠하여 힘들었지만
요에게 마지막으로 최선을 다해 들려주려고 애를 쓰며 말을 이어갔다

선덕여왕은 자장을 등용, 15년간 재위하면서 25개 사찰을 창건했지
해동의 명현 안홍이 지은 동도성립기를 보면
여자가 왕이 되니 덕은 있어도 위엄이 없어 구한이 침범하게 되었다며
만약 대궐 남쪽 황룡사에 구층탑을 세우면 침해를 진압할 수 있다 했지

그럼 진덕왕은 어떻게 했나요?

진덕왕은 선덕여왕처럼 불교세력을 정치에 이용한 것이 아니라

정치 감각이 뛰어난 김춘추를 전면에 포진시켜 한화정책을 시행했지

진성이 식은땀을 비 오듯 쏟고 얼굴이 창백해지자

궁녀가 들어와 진성을 눕혔다

들려주신 모든 말씀 명심하겠습니다

진성은 마지막 힘을 다해 요에게 당부했다

요야, 내 죽으면 화장해다오

큰무덤 만들고 비석 만드는 데 나랏돈과 백성 땀을 쓰지 마라

후손들이 무덤을 벌초하고 관리하는 것도 힘들다

더구나 좁은 땅 아름다운 산을 무덤천지로 만드는 것

원하지 않는다 다만 나의 가루를 뿌려다오

다음 생에는 바람으로 내 태어날 것이다

6개월간 병상에 누워 있다가 12월에 북궁에서 생을 마감하였다

화장하라는 진성의 유언에 따라 화장하여 서악(西岳= 황산, 또는 미횡신)에 뿌렸다

평소 진성을 존경하여 모시던 초아 궁녀는 오열을 하며 노래했다

–땅콩

하나는 외로워서
둘이 되었죠

한동안
둘이 하나 되는 즐거움으로 살았죠

점점 둘이 되어도
외롭기는 마찬가지였죠

그래서 다시
하나가 되기로 했어요

가슴속 빈 방 하나 만들어 두고서
아무런 장식도 하지 않는 방,
다시 혼자 들어가셨군요
누구에게나 인간적으로 대해 주고 존중해 주던 폐하!
궁 안은 울음바다를 이루었다
다른 궁녀가 다시 슬픔을 담아 노래했다

–해당화

외로운 구름과 햇살이
파도 속으로 뛰어들 때

주인 잃은 신발 한 짝
조용히 모래톱을 산책한다

나는 나의 피로 말하련다
행복한 불행을, 성공한 실패를
찬란했던 사랑에 관하여

한 계절 펑펑 울도록 내버려다오
해당화는 말없는 입술을 모아
여기저기 핏덩이를 토해내누나

향기가 무척 강하지만
가시가 많으니 조심하시오

한나절 해당화에 앉았다 날아가는
나비 한 마리

진성의 죽음은 백성들에게도 큰 슬픔을 안겨 주었다
스물한 살에 왕위에 올라 서른한 살, 힘든 시대를 살다간 진성,
한 노인이 노래로 명복을 빌어주었다

–도토리

모진 바람에
작은 목숨 하나 떨어진다

햇살도 아닌
먹구름도 아닌
뜬구름 따라 낙엽과 함께
남겨진 길을 굴러간다

가야 할 앞길만 보다 돌부리에 넘어져도
바닥에서 오래 견디며
종아리에 뭉친 알이 아파 울었다

잃은 것 많은 세월이지만
단단한 마음 하나는 잃어버리지 않았다

작은 목숨 앞에

자꾸 산이 쌓여갈 때도
산 그림자 툭툭 털고 일어서고 싶었다

우리가 폐하를 죽인 것과 같아
누구에게나 사랑받는 왕은 아니었지만
폐하는 충분히 사랑받을 만한 좋은 왕이었지
늘 솔직하고 진심을 다하는 성품 때문에
나도 스스로에게 참 솔직해지곤 했는데
이제 그녀는 자유인이야
시대의 비극적 여인이고
시대를 앞서가는 인물이기도 해
사랑을 당당하게 선택하고
도전적이며 열정적이고 학문과 시에 관심이 많았지
하는 모든 일에 성실하고 정이 많았지

한편 젊은이 하나가 해인사를 다녀오다
해인사 나무 그늘에 앉았다
젊은이는 뭣 하는 분이오?

시를 공부하는 선비입니다
시에선 안목이 중요하지
시는 끝도 없는 봉오리를 보고 가는 것
도박과 같아 전 생을 다 걸어야 되지
시는 가능하면 쓰지 마

쓰지 않고 살 수 있으면 쓰지 말고 살아
가도 가도 허공이요 절벽이 돼
허나 나는 한평생 언어로 성장했느니!

젊은이가 보니 한 켤레 신발만 놓여 있고 노인은 사라졌다

◆ 참고 문헌

많은 석사 박사 학위 논문들 :

삼국유사와 여성

길태숙, 운혜신, 최선경, 이희

奇異第二 〈진성여왕, 거타지居陀知〉조

한 권으로 읽는 신라왕조실록, 박영규 지음, 웅진닷컴

삼국사기

신라역사를 바꾼 세 번의 반란

삼국유사, 일연 지음, 김원중 옮김, 민음사

이사부, 이도흠 장편소설

서사시, 서울대학교 출판부

이야기 삼국야사, 김형광 엮음

일리아드 오딧세이 호메로스

진성여왕, 박광서 지음, 행림출판

고려왕조실록-후삼국 실록편, 박영규 지음, 들녘

민족신화와 건국영웅들, 임재해, 민속원

역사영웅서사문학의 세계, 이민희, 서울대학교 출판부

역사, 이이화, 열림원

다큐멘타리 역사를 찾아서 진성여왕과 각간 위홍

해 설

역사의 재발견과 새로운 서사시의 가능성

강수 (시인)

| 해설 |

역사의 재발견과 새로운 서사시의 가능성

강수 (시인)

1.

서사시는 '죽은 장르' 라고 한다. '죽어 있다' 는 것은 그 유용성을 상실했다는 의미이다. 이러한 점은 매체적 측면에서 보면 쉽게 파악할 수 있다. 서사시는 구술매체 시대에 가장 적합한 장르였다. '옛날 옛날에……' 로 시작하는 '이야기' 는 서사시의 한 특성을 그대로 보여준다.

우선 그러한 이야기는 구비전승된다. 그래서 구연자口演者의 암기력에 의존할 수밖에 없다. 그렇기 때문에 가장 암기하기 쉽고 구연口演하기 쉬운 형태를 띨 수밖에 없다. 그래서 형성된 것이 '운율' 이다. 그래서 서사시는 '운율을 지닌 이야기' 라는 특성을 지니게 된다. 동시에 일정한 내용적 · 구조적 규칙성을 지니게 되는데, 첫째는 주인공은 영웅이어야 한다는 점, 둘째는 성장기에 상당한 고난을 경험하게 된다는 점, 셋째는 그 주인공을 도와주는 구원자를 만나게 된다는 점, 넷째는 주인공이 고난을 극복하고 승리를 거두게 된다는 점 등이다. 어떠한 서사시도 이러한 구조적 틀에서 크게 벗어나지 않는다.

그런데 문제는 이러한 서사시의 전통이 문자매체 시대에도 필요한가 하는 점이다. 문자가 매체로 사용되면서 구연자口演者는 더 이상 필요하지 않게 되었다. 그 결과 '운율' 이라는 요소도 더 이상 필요하지 않게 되었고, 서사시의 전통적 특성도 사라지게 되었다. 그 자리를 '소설' 이라는 장르가 대체했다. 이렇게 해서 서사시의 전통은 사라지고 만다. 시인들 사이에서도 그것은 낡은 유산으로 치부될 뿐이다.

우리나라에서도 최초의 근대적 서사시라고 일컬어지는 『금강』에 대한 문학사적 평가는 빈약한 형편이다. 서구적 개념에 비추어 볼 때, 이 작품은 서사시가 아니라는 것이고, 그냥 '긴시' 즉 '長詩' 일 뿐이라고 언급되기도 한다. 하지만 『금강』의 본질적인 핵심은, '운율을 담은 이야기' 라는 서사시의 본질적 특성을 되살려냈다는 점이고, 그것의 유용성을 살려냈다는 점이다. 서정시가 미처 소화해내지 못하는 시의 영역이 있으며, 그것이 시인에게도 독자에게도 가치가 있었다는 점이다.

그런데, 우리는 왜 서사시라는 이름을 현대에 되살리려고 하는가. 다시 매체의 변화를 살필 필요가 있다. 현대는 방송과 인터넷 등을 통한 전자매체의 시대이다. 이 전자매체는 문자매체가 잃어버렸던 구술매체의 장점을 되살려냈다. 그것은 '현장성' 이다. 구술매체의 시대에는 구연자와 향유자가 동일시간 · 동일 공간에 있었다. 그리하여 향유자는 즉각적인 반응을 보일 수 있었고, 구연자는 그 반응에 따라 다양한 구연행위를 시행할 수 있었다. 이러한 '현장성' 을 현대의 전자매체는 그대로 구현해낸다. 문자매체 기간 동안 잃어버렸던 '음악성' 이 그대로 되살아날 수 있는 가능성이 대두되고 있는 것이다.

이러한 경향은 요즘 대중들이 향유하고 있는 대중문화를 보면 쉽게 짐작할 수 있다. 가장 영향력 있고 비중 있는 장르인 뮤지컬을 보자. 뮤지컬은 그야말로 '노래로 이루어지는 이야기' 이다. 물론 그 안에 다양한 퍼포먼스가 존재하기는 하지만, 그 뼈대는 우리가 앞에서 언급한 '운율을 담고 있는 이야기' 라는 서사시의 맥과 유사하다. 그러므로 서사시의 전통은 현대 전자매체 시대에 다시 살아날 가능성이 충분하다. 그것이 전통적인 의미에서의 서사시냐 아니냐 하는 점은 그 다음 문제이다.

신동엽이 군사독제 시대에 민중정신을 자극하고 고취하기 위해 『금강』을 썼고, 비록 김일성을 찬양하는 시이기는 하지만, 북한의 조기천이 『백두산』이라는 서사시를 통해 선전 · 선동의 수단으로 활용했었다는 점도 서사시의 현대적 가치를 다시 한 번 생각해보게 만든다. 그것은 서사시가 독자들에게 잘 읽힐 뿐만 아니라 감성적 파급력이 막강하다는 점이다. 그러므로 서사시가 오래된 장르이기 때문에 무시할 것이 아니라, 온고지신溫故知新의 정신으로 접근해 볼 가치가 있다는 것이다.

안명옥 시인은 이러한 점에서 서사시의 새로운 지평을 열어

가고 있는 시인이라고 할 수 있다. 이 시인이 개척하고 있는 서사시의 새 지평을 살펴보자.

2.

『나, 진성은 신라의 왕이다』는 신라의 실존했던 인물을 소재로 하고 있다. 우리가 알고 있는 전통 서사시의 주인공들도 당대에 실존했던 인물이었을 수 있다. 거기에 구연자의 상상력과 당시 민중들의 체험과 세계관, 그리고 욕망이 스며들어 오늘날과 같은 서사시가 정착되었을 것이다. 이규보의 「동명왕편」은 대표적인 사례이다. 안명옥 시인은 앞서 『소서노』라는 서사시집으로 문단의 집중 조명을 받고 문학상을 수상하기도 했는데, 그 시집의 '소서노' 도 실제하는 역사적 인물이다. 이런 점에서 보면, 안명옥 시인의 서사시 소재는 '실제하는 역사적 인물' 에 초점을 맞추고 있음을 알 수 있다.

그런 점에서 이 시들은 敍事詩이면서 敍史詩이다. 敍事詩는 '사건' 을 읊는 것이라면, 敍史詩는 '역사' 를 읊는 것이다. 그러므로 이 시들은 '역사적으로 주목할 만한 인물의 주목할 만한 사건들을 읊는 시' 인 셈이다. '역사적으로 주목할 만한 인물' 은 어떤 사람들인가. 현대의 관점에서 주목할 만한 인물, 되살릴 가치가 있는 인물, 현대인들이 알고 싶어 하는 인물이 될 것이다. 그래서 그런지 요즘 각종 매체에서는 역사물이 범람하고 역사적 창작물들이 주목을 받고 있다. 이런 의미에서 서사시집 『나, 진성은 신라의 왕이다』는 현대적 감각을 수용하면서 전통적인 맥락의 서사시의 정체성을 갖춘 작품으로 주목된다.

무엇보다 주목되는 것은 실제 역사적 사실을 바탕으로 창작되었다는 점이다. 그것이 단순한 배경으로 제시되는 것이 아니라, 〈역사적 사실〉을 전면에 내세우고 있다. 그리고 그 틈을 〈허구적 상상〉으로 메워주고 있다. 이를테면 다음과 같은 서사구조를 보여주고 있다.

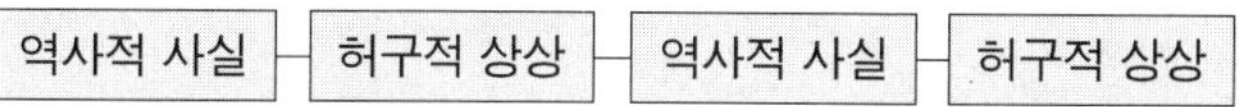

이러한 틀은 기존의 역사물들도 어느 정도 갖추고 있는 것이다. 하지만 〈역사적 사실〉과 〈허구적 상상〉이 서로 혼융되어 역사가 왜곡되는 경우가 많다. 이 시집에서는 이 두 영역을 명확히 나눠놓고 있다. 그러므로 독자들은 역사를 새롭게 알게 되고, 그것을 바탕으로 정밀하게 구축된 상상력의 맛을 음미할 수 있게 된다. 이 양상을 구체적으로 살펴보면 다음과 같다.

①
경문왕 6년 겨울 10월,
이찬 윤흥, 아우 숙흥 · 계흥은 대산군으로 도주,
그들을 붙잡아 참수하고, 일가붙이를 멸하였다

②
어린 시절 진성은 궁을 떠나 보고 싶었다
백성들이 어떻게 사는지 두 눈으로 보고 싶었다
하루는 신당을 관리하는 서리가 계시를 받아

만은 궁 밖으로 스승과 궁녀와 떠나게 되었다

갈포와 거친 짐승 가죽으로 옷을 해 입고
추위를 이기려 옷을 겹쳐 입고 긴 겨울을 나는 백성들
어린 진성은 밤을 고민했다
왕과 귀족은 겸포, 비단, 금으로 옷을 해 입고
백성은 천으로 만든 모자를 썼다
귀족은 화려한 두루마기를 입어 높은 신분을 과시하기도 했다
관리 등급에 따라 색깔을 구분하여 입고
관복은 물론 장신구, 모자도 엄격하게 제한
지배계급은 오색찬란한 비단옷을 입으나
백성은 흰색 옷을 입었다

귀족은 외양간, 마굿간, 부엌, 창고, 우물, 방앗간도 갖추고 살았으나
초가집이라도 반듯하게 지으면 행세깨나 하는 자요
백성은 대부분 움집이었다
천민은 짚풀더미를 대충 둘러치고 살아
큰 비라도 내리는 날이면 비 맞은 생쥐가 되었다
어린 진성은 그들을 생각했다
겨울에 백성들은 방 한쪽 바닥에 흙침상을 만들어,
아궁이에 불을 때 침상을 데우거나
방 안에다 부엌을 만들어 요리 열기로 실내를 따뜻하게 했다

기나긴 추운 겨울이면 진성은 그들을 생각했다

①은 실제 역사적 사실을 다루고 있는 부분이다. 역사서에 기록되어 있는 사실을 그대로 제시하고 있다. 이어서 제시되고 있는 ②는 시인의 상상력으로 만들어진 산물이다. '진성' 이라는 인물의 성격을 드러내기 위해 '귀족' 들의 삶과 '백성' 들의 삶을 대조하고, 진성이 백성들의 입장에 서게 함으로써 진성의 '애민정신' 을 부각하고 있다.

이러한 부분은 기존에 널리 알려진 역사적 인물에 대한 새로운 시각이 반영된 것이다. 기존 역사서에서 다루고 있는 거대담론의 측면이 아니라 미시담론의 영역으로 들어가, 기존 거대담론의 관점이 잘못된 것이라는 점을 드러내고 새로운 관점에서의 접근이 가능함을 보여주는 것이다.

안명옥 시인은 진성여왕의 업적을 부각시키면서 그러한 업적을 이루게 된 과정을 '허구적 인물' 을 등장시킴으로써 개연성을 확보하고 있다. 대표적인 것이 『삼대목』 발간과 관련된 것이다. 다음을 보자.

큰오빠를 잃은 슬픔에 한동안 야위더니
이내 죽음을 받아들인 만이 다시 예인을 찾았을 때
예인도 죽음을 앞두고 있었다
예인은 자신이 모아 적은 노래책을 건네며
예전 어느 스님이 네게 왕의 기상이 엿보인다고 했지
네가 떠도는 모든 사뇌가를 여기에 모아 줘

예인아, 걱정 마 내가 이 노래 다 모아줄게

『삼대목』 발간을 설명하기 위해 진성의 어린 시절 만나게 되는 '예인' 이라는 인물을 창조해냈다. 그녀는 노래를 부르기 좋아했고, 그러한 예인의 모습에 반한 진성은 나중에 노래집을 만들어 주겠다는 약속을 하게 된다. 그리고 『삼대목』 발간의 책임자였던 대구화상과의 인연도 그려냄으로써 『삼대목』 발간의 연유를 밝히고 있다.

둘째, 설화를 수용함으로써 시의 풍요로움을 더욱 높이고 있다는 점이다. 등장인물들과 관련된 설화를 이끌어들임으로써 시의 내용을 더욱 풍부하게 해주는 효과를 거두고 있다.

그때 왕(861~875)은 당나귀 귀처럼 큰 귀를 가리려
날마다 복두를 하고 절절맸다
어린 만은 아버지의 그런 소심함이 마음에 들지 않았다
아바마마, 임금이 큰 귀를 가졌다 함은
온 백성들의 목소리를 잘 들으라는 하늘의 계시이니
저는 아바마마가 자랑스럽습니다
경문왕은 얼굴이 붉어지며 만을 안아주었다
아바마마, 복두 답답하면 벗어요
당당하게 다니세요
신체가 남다르다 해서 부끄러운 게 아니잖아요

이 부분은 우리에게 익숙한 '임금님 귀는 당나귀 귀' 이야기를 배경으로 하고 있다. 어린 진성의 순수함으로 왕의 어리석음을 드러냄과 동시에 진성의 명민함을 부각시키고 있다. 이 작품에는 이 외에도 '원앙의 혼', '효녀 지은'과 같은 설화들이 등장하고 있으며, 최치원이 등장하는 부분에는 그의 시도 원용되는 등, 내용과 형식에 상관없이 필요한 작품들이 적재적소에 배치되어 있다. 그러니까 설화, 작품, 민요 등 다양한 양상의 작품들이 적절한 변용을 통하여 작품 속에 녹아 있는 것이다.

이러한 특성은 현대 모더니즘 시의 혼성모방적 특성과도 맥락이 이어져 있는 것이다. 이것은 서사시의 포용성을 드러내 주고 있는 것이다. 이러한 특성이 가능한 것은 실제 역사를 다루고 있기 때문이다. 특정한 역사적 시기에 등장하는 인물이 실제로 창작한 작품이 원용되는 것은 어쩌면 당연한 귀결이기 때문이다. 이러한 기법은 기존의 서사시에서도 사용되지 않은 창작방법이라고 할 수 있다. 이러한 기법들을 사용함으로써 안명옥의 서사시는 내용적으로 더욱 풍요롭고 형식적으로도 변화무쌍한 양식을 확보하게 된 것이다.

셋째, 등장인물의 내면세계를 드러내는 적절한 방식으로 서정시를 택하고 있다는 점이다. 그러니까, 서사의 전개가 이루어지다가 등장인물의 내면세계를 드러내야 할 필요가 있는 부분에서는 서정시를 사용하고 있다. 이 서정시는 오페라의 아리아와 같은 효과를 보여준다. 독자는 서사적 사건의 전개에 대한 관심을 멈추고 특정 인물의 내면에 집중하게 된다. 이때 서정시의 쓰임새를 이해하기 위해서는 김시습의 『금오신화』를 떠올려 보면 쉽게 이해가 간다. 다음은 「이생규장전」의 한 부분이다.

> 이씨 집에서는 마침내 뜻을 돌려서 곧 사람을 보내어 이 서생을 불러와서 그의 의사를 물었다. 그는 기쁨을 이기지 못해서 시를 지어 읊었다.
>
> 깨진 거울 합쳐지니 이것 또한 인연이네
> 은하의 오작들도 이 가약을 돕겠네
> 이제부터 월로月老는 붉은 실 맺어주니
> 봄바람 부는 저녁 두견새 원망 마오
>
> 최 처녀는 이 서생이 이 같은 시를 지었다는 소식을 들으니 병이 차차 나아져 그녀도 시를 지어 읊었다.
>
> 아아 나쁜 인연이 좋은 인연 되었으니
> 그 옛날 굳은 맹세 마침내 이뤄졌네
> 어느 때 님과 함께 작은 수레 끌고 갈꼬
> 아이야 날 일으켜라 꽃비녀를 매만지리

여기에는 이 서생이 쓴 시와 그에 대한 답으로 최 처녀가 쓴 시가 나와 있다. 이 시들은 지금까지의 사건들을 요약함과 동시에 등장인물의 내면세계를 구체적으로 드러내준다. 서로 사랑하는 사이지만, 시대적 관습 때문에 함부로 표현 못하는 두 사람의 마음과 마침내 부모의 허락을 받고 사랑을 이루게 되었을 때의 기쁨이 은유와 상징의 기법을 통해 효과적으로 제시되고 있다.

이 서생은 '깨진 거울'을 통해 두 사람의 이별을 암시하고, 그것의 결합을 통해 두 사람의 사랑이 마침내 이뤄졌음을 드러내고 있다. '은하의 오작'은 견우직녀 설화에서 차용한 이미지로서 두 사람의 만남이 둘만의 문제가 아니라 전우주적인 사건임을 암시한다. '붉은 실'은 부부로서의 인연을 상징한다. 그러므로 봄바람 부는 저녁에 외로움을 부추기는 두견새를 원망하지 말라는 것이다. 한마디로 사랑의 기쁨을 노래한 시이다. 이에 대한 답가로서 최 처녀는 옛날의 굳은 맹세가 마침내 이뤄짐을 기뻐하고 있다. 앓아누웠다가 두 사람의 사랑이 이뤄지게 됨을 알고 자리를 박차고 일어나고자 하는 의지와 기쁨을 유쾌하게 표현하고 있다. 이처럼 서사 속에 자리한 서정시는 '등장인물의 내면'을 드러내는 데 아주 유용하다. 안명옥 시인은 서정시의 이러한 속성을 잘 파악하고 있으며, 그것을 서사시에 적용한 것으로 보인다.

–지금은 사랑할 때

아침밥 대신
당신의 숨 냄새 눈빛을 먹습니다

무언가 내 몸속 깊이깊이 들어올 때

켜둔 촛불이 흔들렸습니다
방안의 책들이 출렁거렸습니다

그대와 사랑이 끝났을 때
밤새 내리던 비가 그치고
고요한 햇빛이 들고 있었습니다

땀방울 하나가 젖가슴 사이로 흘러내릴 때
음악이 방안을 가득 채워주고 있었습니다

아, 이대로 죽어도 좋아
내 삶의 저 언덕으로 떠나는 시간
아무것도 바랄 것 없는 이 완전한 순간

이 시는 진성이 사랑하는 연인인 귀남과 육체적 사랑을 나누는 장면에 삽입된 것이다. 남녀 간의 교합을 암시하는 '무언가 내 몸속 깊이깊이 들어올 때' 라는 표현과 함께 '촛불의 흔들림', '출렁거리는 책' 등의 이미지는 진성이 느꼈을 사랑의 충만을 효과적으로 드러내고 있다. 사랑이 끝났을 때, '그치는 비' 와 '고요한 햇빛' 그리고 '방 안 가득 채워지는 음악' 의 이미지는 진성의 평온하고 만족스러운 심리상태를 그리고 있다. 한마디로 '완전한 순간' 이다.

이 외에 부수적이긴 하지만 현대적 어휘들의 사용도 주목된다.

어른이 되면 이런 남자와 사랑을 할래요
운동을 좋아하고
책 많이 읽고
청렴하고 유머감각 있고
밥을 같이 먹어주는 사람요
허허허, 위홍은 참 호탕하게 큰 웃음을 웃으며
그런 완벽한 사람은 없을 것이옵니다

'운동을 좋아한다' 나 '유머감각 있고' '밥을 같이 먹어주는 사람' 등의 이미지는 신라시대와는 거리가 멀어 보인다. 특히 '유머' 라는 외래어도 사용되고 있음을 주목할 필요가 있다. 이것은 비록 신라시대가 배경이기는 하지만, 그 당시의 인물들과 사건들을 현대화하여 현장성을 강화시키는 데 도움을 준다. 독자들은 역사적 인물들을 동시대에 같이 살아 움직이는 인물들로 수용할 수 있기 때문이다. 진성이라는 인물형은 이미 낡은, 그래서 옛날 이야기 속에서나 존재하는 인물이 아니라, 독자들과 똑같이 숨쉬고 웃고 고민하는, 현재성을 획득한 인간이 되는 것이다. 왕으로서의 진성과 인간으로서의 진성 사이에서 일어나는 고민과 갈등 그리고 방황은 현대인들의 겪는 체험과 다를 바가 없다. 이런 면에서 현대어의 사용은 옛인물을 현대에 되살리려는, 생동성을 부여하려는, 의도적 어휘 사용으로서의 가치를 지니고 있다고 하겠다.

3.

위와 같은 기법들을 통해 구체화되고 있는 '진성'은 어떤 인물인가. 이 시에서는 크게 두 개의 갈등 구조로 드러나 있다. 하나는 진성과 귀남의 사랑이고, 다른 하나는 진성과 귀족들의 갈등이다. 전자는 지극히 개인적이고 인간적인 영역의 사건이라면, 후자는 공적이고 공식적인 사회적 맥락에서의 사건이다. 전체적인 흐름에서 보면, 진성은 '공적이고 공식적인 관계망'에서 '사적이고 개인적인 관계망'으로 전이되어 간다. 이러한 양상은 결국 개인의 '욕망 추구와 그것의 좌절'이라는 개인적 의미망과 관련된다. 전체 구조를 살펴보면 다음과 같다.

사적	공적	사적	공적	공적	사적
귀남과의 사랑	왕위 등극	귀남과의 사랑 좌절	귀족과의 갈등	개혁 실패	귀남과의 사랑 추구

이러한 메인플롯을 바탕으로 자잘한 서브플롯이 구축되어 있는데, 그 서브플롯을 통해 진성의 인간적인 매력과 고민이 구체화된다. 어린시절부터 사랑하는 사이가 되는 귀남과의 만남, 그리고 본인의 뜻과는 상관없이 이뤄진 왕위 등극은 귀남과의 사랑을 가로막는 장애물이 된다. 귀남의 아버지가 역모를 꾸민 것이 발각됨으로써 귀남이 진성이 곁을 떠나게 되기 때문이다. 왕위에 오르지 않았다면, 귀족들의 반발도 없었을 것이고, 귀남과의 사랑은 행복한 결말을 맡게 되었을 것이다.

그 후, 왕으로서의 책무를 다하기 위해 진성은 정치개혁과 조세개혁을 서두르게 된다. 이것은 혼자만의 독단으로 이뤄진 것이 아니고 지혜로운 인재를 찾고 그들의 도움을 받아 가장 합리적인 해결책을 찾아내고자 하는 진성의 의지를 통해 이뤄진 것이다. 이 과정에서 최치원과의 만남이라든지 고승과의 만남 등의 사건이 흥미진진하게 전개된다. 하지만 그 개혁은 귀족들의 반대로 실패하게 되고, 이에 무력감을 느낀 진성은 귀남과의 만남과 사랑을 통해 심리적 좌절을 극복하려 하지만, 신라의 멸망을 막아내지는 못한다는 서사적 흐름을 보여준다. 어쩌면 자신의 왕위를 조카에게 물려준 것도 자신이 못다 이룬 신라왕조 재건의 꿈을 조카를 통해서라도 이루려는 대승적인 결단 때문이 아닌가 하는 생각도 든다. 안명옥 시인도 그러한 점을 부각시키고 싶어 하는 것 같다.

우선 '공적이고 공식적인 관계망' 으로서의 진성을 살펴보자.

①

만曼은 황晃 오라버니에게 각오를 내비쳤다
백성들의 밑바닥 삶을 알고
더 멀리 여기저기를 다녀보며 몸과 마음을 수련하고 싶다고

②

위홍은 만 공주가 역사와 세상일에 관심이 많고
세상을 경륜할 그릇이 되어 감을 느꼈다
말로만 들어온 어린 시절의 딕민이 살아온 듯했다
총명했고, 슬기로웠고, 아름다웠다

③

진성은 발빠르게 박씨계 대표를 임해전에서 만났다
귀족들은 왕위 찬탈 먹이를 노리는 호랑이 같다가
위엄 있는 왕을 만나자 당황하는 기색이 역력했다

강 건너 불구경하듯 하실 것이오?
과인이 위태로우면
진골도 이 나라 존재도 모두 위태로운 것을
정녕 모르시는 것이오?
답답한 심정을 전해도 귀족들은 모른 척했다

④

한편, 들리는 소문이 다 허풍인 것 같지는 않소
호족 반란군 위세에 전국이 떨고 있다 하오
우리 반경문계 귀족들이 진작에 왕의 요청에 협력하고
토지 개혁과 조세 개혁을 통과시켜주었더라면
오늘의 이 지경은 막을 수 있었을 텐데
호언장담하던 박씨계는 반란의 불씨를 돋운 꼴을 통감하고 있었다

①에서 진성의 '애민정신'을 엿볼 수 있다. 아울러 자기 수양 의지도 살필 수 있다. 물론 이것은 왕이 되기 위한 수련을 의미한다. 그 수련의 결과 ②와 같이 '세상을 경륜'할 수 있는 힘을

기르게 되는 것이다. 총명하고 슬기롭고 아름다움이 선덕여왕이 살아온 것 같다고 느낄 정도이다.

그러나 막상 왕이 되고 난 뒤의 진성은 진퇴양난에 빠지고 만다. 그것은 귀족들과의 끊임없는 대립구도 때문이다. 귀족세력들은 '여자가 왕이 되었다'는 것에 대한 반발감과 왕의 자리에 대한 욕심으로 시대 흐름을 무시하고 있었다. 그 양상을 ③에서 파악할 수 있다. 귀족들은 '호랑이'처럼 왕위 찬탈을 노리고 있다. 아무리 진성이 신라의 위기를 주장해 봐도 설득이 되지 않는다. 그들에게는 자신들의 욕심이 중요할 뿐, 나라도 백성도 안중에 없다. 그러다가 나라의 존재 자체가 불확실해지는 순간에야 자신들의 잘못을 깨닫는다. 그 모습을 ④에서 살필 수 있다. 백성들이 등을 돌리고, 그들을 등에 업은 호족 세력들이 지방에서 할거하여 신라는 바람 앞의 등불 같은 존재가 되어 있었다. 나라를 위해 진성이 추진했던 '토지 개혁'과 '조세 개혁'을 자신들의 잇속을 챙기기 위해 반대한 결과가 최악의 상황으로 다가오고 있었다. 진성의 정치적 바람이 좌절되면서 진성의 '공적이고 공식적인 관계망' 속에서의 의지와 욕망은 급속하게 소멸된다. 자신의 존재성을 확보하지 못한 것이다. 마지막에 자신의 왕위를 아무런 미련없이 내려놓을 수 있었던 이유가 여기에 있다.

'공적이고 공식적인 관계망'을 벗어던진 진성은 급격하게 '사적이고 개인적인 관계망'으로 함몰되어 간다. 그것은 귀남과의 사랑에 대한 집착으로 시작된다.

귀남, 그대는 아는가
당신이 일상에서 누리는 자연스러운 것들이
나에게는 있으면서도 없다는 것을
혼자 걷지 못하는 두 다리와 똑같다는 것을
나는 때로 혼자 마냥 걷고 싶소
눈이 내리는 길을 무작정 걷고 싶고
꽃길을 꽃비를 맞으며 걷고도 싶소
누군가를 만나러 가도 되는 그런 자유가 보장된
배고프지 않으면 먹지 않아도 되는 그런 세상에서
그냥 내가 나만 책임지면 되는 그런 세상에서
소박하고 단순하게
이 궁궐은 감옥이라는 것을
아픈 밤이면 달을 삼켜
달을 복용하고 나면
가슴이 환해지지
다시 어두워지더라도
밤이 있어 잠잘 수 있고
밤이 있어 꿈 꿀 수 있지만
내 마음은 캄캄한 밤이지

여기에 드러나 있는 것처럼 진성은 '자유로운 영혼' 을 꿈꿨다. '궁궐' 은 감옥으로서의 공간이었다. '궁궐' 이 '공적인 업무를 처리하는 장소' 로서의 공간이라면, 진성은 그 자리에서 내려와 평범한 인간으로서의 삶을 바라고 있는 것이다. 그 자연스러운 삶이 부정되고 왜곡되는 곳이 '궁궐' 이고 캄캄한 어둠의 시간으로 휩싸여 있는 곳이 '궁궐' 이다. 그러한 '궁궐' 을 밝혀주는 것은 '달' 이다. '달' 은 성적인 관계를 암시한다. 그러한 '궁궐' 에서 탈출하고 싶어 하는 진성의 욕망이 진솔하게 드러나고 있으며, 그 탈출은 사적인 사랑의 완성을 통해 달성됨을 암시하는 부분이다.

진성은 몸이 연주하는 음악처럼 그의 연주에 빠져들었다
진성의 온몸의 악기가 그때마다 연주를 했다
진성은 사랑하는 동안은 사랑에만 몰입했다
진성의 몸속 숨겨놓은 짐승이 뛰어 나왔다
말 수천 마리 말이 광야를 마구 달렸다
번개가 치고 천둥이 하늘을 뒤흔들었다
문짝이 다 날아가고 달이 점점 커져 갔다
등산을 몇 번이나 한 듯 온몸이 흠뻑 젖은 두 사람
말이 없었다

이것은 진성이 귀남과 사랑을 나누는 장면을 묘사해 놓은 부분이다. '몸이 연주하는 음악', '온몸의 악기' '몸속 숨겨놓은 짐승' '수천 마리 말' '번개' '천둥' 등의 온갖 이미지들이 성적 충만에 가득 차오른 진성의 심리를 효과적으로 드러내준다. 이 부분들을 통해 진성여왕이 왜 '음란한 여왕' 이라는 왜곡이 일어나게 된 것인지 알게 된다.

진성여왕은 '애민사상' 을 바탕으로 한 '정치개혁' 을 추진했으나, 사리사욕을 앞세운 귀족들의 반대로 실패를 하게 되었고, 그 좌절감 속에서 '한 인간으로서의 자유로운 삶'을 추구하게 되었다는 해석이 가능하다. 이것이 안명옥 시인이 진성여왕에게 새롭게 부여한 가치이다.

진성여왕은 '신라 멸망의 원흉'이 아니라 망해가는 신라를 구원하기 위해 온갖 정책을 시행하였고, 그것을 위해 현명한 신하들을 찾아 조언을 구하였으며, 백성들의 뜻을 살피기 위해 『삼대목』 같은 향가집까지 편찬한 왕이라는 것이다.

4.

이상으로 안명옥의 서사시집 『나, 진성은 신라의 왕이다』를 형식적 · 구조적인 측면과 내용적인 측면으로 나누어 살펴보았다. 실제 역사적인 사실을 왜곡하거나 자의적인 해석으로 편벽되지 않은 관점을 유지하고 있으며, 설화 · 한시 등을 삽입하여 내용적 · 형식적 · 구조적으로 풍요로움을 획득하고 있고, 서정시를 활용하는 등 서사시의 새로운 지평을 열어가고 있음을 알 수 있다.

이러한 시도는 시가 대중들에게 다가갈 수 있는 새로운 포맷을 개발했다는 데에 의미가 있다. 전통적인 개념으로서의 서사시의 틀에 맞추기보다는 현대 대중 문화 시대에 알맞은 양식이 무엇인가를 고민하고, 그것을 개척하기 위한 시도 자체에 의미를 둘 필요가 있다. 다행인 것은 그 시도에 따른 작품의 완성도도 만만치 않다는 점이다.

현대 대중 멀티미디어 매체 시대에 다시 부활하는 서사시의 가능성을 살펴볼 수 있다는 점에서 『나, 진성은 신라의 왕이다』는 가치가 있다. 이와 같은 서사시의 포맷은 다양한 장르의 문학작품들을 수용하고 포용할 수 있는 가능성을 지니고 있다. 장르 융합이 화두가 되고 있는 현대에 물리적 결합인 컨버젼스가 아니라 화학적 결합인 퓨전 장르로서의 가능성을 지니고 있기 때문이다. 서정시와 민요와 한시 그리고 설화까지 녹아든 장르로서의 서사시의 가능성. 앞으로 이뤄질 안명옥 시인의 작업이 기대된다.

한국의 서사시
나, 진성은 신라의 왕이다

초판인쇄 2012년 1월 10일
초판발행 2012년 1월 13일

지 은 이 안명옥
펴 낸 이 김충규
펴 낸 곳 **문학의전당**
출판등록 제387-2003-00048호(2003년 9월 8일)

주 소 420-752 경기 부천시 원미구 상동 392 한아름마을 1511-1603
편 집 실 121-718 서울시 마포구 공덕2동 404 풍림VIP빌딩 413호
전화번호 02-852-1977
팩시밀리 02-852-1978
전자우편 mhjd2003@naver.com
블 로 그 http://blog.naver.com/mhjd2003

I S B N 978-89-97176-17-5 03810